REVISTA DE LA
ACADEMIA
PUERTORRIQUEÑA
DE JURISPRUDENCIA
Y LEGISLACIÓN

SAN JUAN, 2023
VOLUMEN
XXIII

ACADEMIA PUERTORRIQUEÑA DE JURISPRUDENCIA Y LEGISLACIÓN

Correspondiente de la
Real Academia de Jurisprudencia y Legislación
Fundada el 9 de diciembre de 1985

Académicos de Número

Lcdo. Antonio García Padilla, Presidente
Hon. Gustavo Gelpí, Vicepresidente
Hon. Lady Alfonso de Cumpiano, Secretaria
Lcdo. Antonio Escudero Viera, Tesorero
Dr. Carmelo Delgado Cintrón
Dr. Demetrio Fernández Quiñones
Lcdo. Ernesto L. Chiesa Aponte
Lcdo. José J. Álvarez González
Hon. Liana Fiol Matta
Lcdo. Carlos E. Ramos González
Lcda. Olga Soler Bonnin
Lcdo. Harry Padilla Martínez
Dr. Efrén Rivera Ramos
Lcdo. Noel González Miranda
Lcdo. Javier Rúa Jovet
Hon. Anabelle Rodríguez Rodríguez
Hon. Félix Figueroa Cabán
Hon. Rafael Martínez Torres
Lcdo. Rafael Escalera Rodríguez
Hon. Maité Oronoz Rodríguez
Lcda. Melba Acosta Febo
Dr. José Trías Monge, Presidente (†) – Presidente Fundador
Dr. Efraín González Tejera (†)
Hon. Miguel Hernández Agosto (†)
Lcdo. Marcos A. Ramírez Irizarry (†)
Lcdo. Lino J. Saldaña (†)
Hon. Salvador E. Casellas Moreno (†)
Lcdo. Wallace González Oliver (†)
Lcdo. Eugenio S. Belaval (†)
Lcdo. Salvador Antonetti Zequeira (†)
Hon. Juan R. Torruella (†)

Académicos Honorarios

Hon. Jean Louis Baudouin
Lcdo. Anthony D. Romero

Hon. José A. Cabranes
Lcda. Mari Carmen Aponte

Académicos Correspondientes

Dra. Christina Duffy Ponsa
Dr. Ángel R. Oquendo
Lcdo. Rafael Porrata Doria
Dr. Joel Colón Ríos
Dr. Víctor Muñiz Fraticelli

Lcda. María Pabón López
Dr. Luis E. Chiesa Aponte
Lcdo. Alberto Bernabe Riefkhol
Lcda. Tanya K. Hernández
Dra. Jacqueline N. Font Guzmán

Académicos Colaboradores

Hon. Glenn Velázquez Morales
Lcdo. Diego R. Puello Álvarez
Lcdo. Adrián A. Jiménez Torres
Lcda. María Fernández Bernal
Lcdo. Emiliano Trigo Fritz

Lcdo. Carlos Baralt
Lcdo. Arturo Hernández González
Lcda. Rocío de Félix Dávila
Lcda. Rossanna González
Lcda. Alexandra Rivera Ríos

"La Academia Puertorriqueña de Jurisprudencia y Legislación, correspondiente de la Real Academia de Jurisprudencia de España, tiene como fines promover la investigación y la práctica del Derecho y de sus ciencias auxiliares, así como contribuir a las reformas y progreso de la legislación puertorriqueña". Artículo 1, Título primero de los Estatutos.

Academia Puertorriqueña de Jurisprudencia y LegislaciónApartado Postal 23340, San Juan PR 00931-3340
Teléfono: 787-999-9652
Email: ajpr@academiajurisprudenciapr.org

Las oficinas ejecutivas de la Academia se encuentran localizadas en el tercer piso de la Escuela de Derecho de la Universidad de Puerto Rico, Recinto de Río Piedras, Río Piedras, Puerto Rico

**REVISTA de la
ACADEMIA PUERTORRIQUEÑA
DE JURISPRUDENCIA
Y LEGISLACIÓN**

Antonio García Padilla
Presidente

Carmelo Delgado Cintrón
Editor

Carmen Aponte-Ayala
Directora Ejecutiva

José L. Pou Román
Auxiliar de Edición

La Revista de la Academia Puertorriqueña de Jurisprudencia y Legislación se publica periódicamente. Es el órgano oficial científico de la Academia. Toda correspondencia deberá dirigirse a la Directora Ejecutiva, a la siguiente dirección:

Revista de la Academia Puertorriqueña de Jurisprudencia y Legislación
Apartado Postal 23340
San Juan PR 00931-3340

Para que la Revista considere una posible colaboración, deberá dirigir un ejemplar a la Academia, a la mencionada dirección postal.

La revista no se solidariza oficialmente con las opiniones sostenidas por los colaboradores en sus artículos o monografías.

Toda suscripción en Estados Unidos y Canadá debe procesarse através de nuestras oficinas en la dirección postal antes mencionada o a través de nuestro correo electrónico: ajpr@academiajurisprudenciapr.org.

"Revista de la Academia Puertorriqueña de Jurisprudencia y Legislación" is published by the Academia Puertorriqueña de Jurisprudencia y Legislación. All subscription in the United States and Canada must be processed through our offices in the mailing address before mentioned, or our email: ajpr@academiajurisprudenciapr.org.

**REVISTA de la
ACADEMIA PUERTORRIQUEÑA
DE JURISPRUDENCIA Y LEGISLACIÓN**

VOL. XXIII   **2023**

ÍNDICE

DICTÁMENES

Español como lengua oficial de la Corte Internacional de Justicia
    Académico ponente Javier Rúa Jovet 1

En torno a la reacción de Puerto Rico al cese de la
publicación del London Interbank Offered Rate
("LIBOR")
    Académico ponente Antonio Escudero Viera 5

DISCURSOS

El valor de la disidencia
    Numeraria Annabelle Rodríguez Rodríguez 8

"Disidencia con todo lo que ofenda la dignidad humana":
Contestación al discurso de instalación de la Académica de Número:
Hon. Anabelle Rodríguez Rodríguez
    Numerario Gustavo A. Gelpí 43

¿Otra revolución inconclusa? Una mirada a la integración de las
obligaciones civiles y mercantiles en el Código civil del 2020
    Numerario Félix R. Figueroa Cabán 63

Nuevo Código Civil de Puerto Rico de 2020
    Numeraria Olga Soler Bonnin 89

ARTÍCULOS

Un caso no tan difícil
    Prof. Manuel Atienza 97

Dictamen del Pleno de Numerarios: Español como lengua oficial de la Corte Internacional de Justicia

Ponente: Numerario Javier Rúa Jovet

Por cuanto,

La Real Academia de Jurisprudencia y Legislación de España ha resuelto como sigue:

Siendo conscientes de que el inglés y el francés son lenguas oficiales y de trabajo ante la Corte Internacional de Justicia, con sede en La Haya, por un acuerdo que se remonta a cuando se creó la Corte Permanente de Justicia Internacional, en 1920. Trascurrido un siglo desde la época de la Sociedad de Naciones, dicho acuerdo debería ser renovado pues la sociedad internacional se ha transformado sustancialmente.

Teniendo en cuenta que en la Organización de las Naciones Unidas son idiomas oficiales no sólo el inglés y el francés sino también el chino, el árabe, el ruso y el español, en tanto que lenguas de amplia difusión en la comunidad internacional.

Estimando insuficiente, a la luz de la práctica, lo previsto por el párrafo 3 del artículo 39 del Estatuto de la Corte Internacional de Justicia en el sentido de que "Si lo solicitare una de las partes, la Corte la autorizará para usar cualquier idioma que no sea ni el francés ni el inglés".

Considerando que el español es lengua oficial en más de veinte países en los que, además, es lengua materna de la mayoría de sus poblaciones; siendo esto un elemento único en la comunidad internacional. Y habiendo países, como Estados Unidos, donde sin ser lengua oficial es hablada por más de cincuenta millones de personas.

Valorando la importancia de reconocer la diversidad lingüística como parte del patrimonio mundial de la Humanidad y de la necesidad de impulsar el pluralismo lingüístico en las Instituciones internacionales y, en especial, en los órganos internacionales de carácter jurídico.

Considerando que muchas controversias que se plantean ante el Tribunal Internacional de Justicia son entre países de lengua hispana y que carece de fundamento la obligación de que el proceso deba desarrollarse en la fase escrita y oral en inglés o en francés.

A la luz de la existencia de una Comunidad Iberoamericana de Naciones en la que los países comparten una cultura y lenguas comunes pero también una cultura y una tradición jurídicas que la inclusión del español como idioma oficial ante la Corte Internacional de Justicia impulsaría y reconocería.

Considerando el papel preponderante de la Escuela española del Derecho internacional en la conformación del Derecho Internacional moderno.

Teniendo en cuenta la necesidad de impulsar el diálogo entre culturas jurídicas y entre pueblos como mejor manera de fortalecer el Derecho internacional como nexo de unión entre todos los pueblos de la tierra

La Real Academia de Jurisprudencia y Legislación de España acuerda:

PRIMERO: Proponer a las Academias Jurídicas iberoamericanas y a su Comisión Permanente que se sumen a la propuesta para que el español sea lengua oficial, a todos los efectos, de la Corte Internacional de Justicia.

SEGUNDO: Solicitar a la Conferencia Iberoamericana, a través de la Secretaría General Iberoamericana (SEGIB), que formule esta propuesta para que los Estados participantes en la Cumbre insten a los órganos competentes de las Naciones Unidas a que el español sea incluido como lengua oficial y de trabajo ante la Corte Internacional de Justicia.

TERCERO: Instar a las Instituciones públicas y privadas que se determinen que se adhieran a la presente petición para la incorporación del español como lengua oficial y de trabajo ante la Corte Internacional de Justicia de las Naciones Unidas.

Por cuanto,

El Pleno de Numerarios de la Academia Puertorriqueña de Jurisprudencia y Legislación ha tenido ante sí la propuesta de la Real Academia y coincide en que la significación del español en la comunidad internacional presta razones sobradas a dicha propuesta;

Por tanto,

La Academia Puertorriqueña de Jurisprudencia y Legislación se suma a la petición de que el español sea lengua oficial de la Corte Internacional de Justicia a todos los efectos.

En San Juan de Puerto Rico, a 6 de octubre de 2021.

Así lo certifico:

Lady Alfonso de Cumpiano
Secretaria General

DICTAMEN DEL PLENO DE NUMERARIOS EN TORNO A LA REACCIÓN DE PUERTO RICO AL CESE DE LA PUBLICACIÓN DEL LONDON INTERBANK OFFERED RATE ("LIBOR")

Ponente: Antonio Escudero Viera
Presidente de la Comisión sobre Derecho Mercantil

Por cuanto,

PRIMERO: Mediante Dictamen 2021-02 de 29 de junio de 2021, el Pleno de Numerarios tuvo ante sí el anteproyecto de la Comisión sobre Derecho Mercantil que se propuso a la Asamblea Legislativa como respuesta de Puerto Rico al cese de la publicación del LIBOR;

SEGUNDO: El Pleno acordó echar adelante con la presentación del anteproyecto en la Asamblea Legislativa;

TERCERO: El anteproyecto se presentó en la Cámara de Representantes, como P. de la C. 1067, fue aprobado con enmiendas y se sometió a la consideración del Senado de Puerto Rico;

CUARTO: Pendiente de consideración del Senado de Puerto Rico, el Congreso de Estados Unidos, ante la inacción de muchas jurisdicciones, se vio en la necesidad de actuar, medida que se convirtió en ley, Adjustable Interest Rate (LIBOR) Act, 12 U.S.C. §§ 5801-5807;

QUINTO: En consecuencia, es innecesaria la actuación de la Asamblea Legislativa de Puerto Rico.

Por tanto, el Pleno de Numerarios resuelve:

PRIMERO: El Pleno de Numerarios, a instancia de la Comisión de Derecho Mercantil, da por conducida esta iniciativa;

SEGUNDO: El Pleno de Numerarios destaca la reacción pronta de la Cámara de Representantes de Puerto Rico en temas como el que se suscitó el cese de la publicación del LIBOR, y el papel que debe jugar la Academia en asegurar dichas reacciones con prontitud y efectividad.

En San Juan de Puerto Rico, a 30 de agosto de 2022.

Así lo certifico:

Lady Alfonso de Cumpiano
Secretaria General

EL VALOR DE LA DISIDENCIA
ANABELLE RODRÍGUEZ RODRÍGUEZ*

Dixi et salvavi animam meam

Introducción

El exergo latino que encabeza esta ponencia recoge para mí el valor esencial del disenso judicial, su razón de ser. *Dixi et salvavi animam meam: Hablé y salvé mi alma.* Disentir es un acto en solitario, un asunto de conciencia que intenta resguardar la dignidad e integridad del juez. De todas las disciplinas, el Derecho es quizá la que mejor ejemplifica cómo la crítica puede ser un instrumento de transformación e innovación. Constituye una responsabilidad ineludible del juez, pues, procurar ser un firme crítico del Derecho con el fin de propiciar su pleno desarrollo y regeneración.[1]

El disenso constituye la expresión individual más pura de la metodología adjudicativa de un juez. Desde una perspectiva institucional, el disenso es una demostración de las complejidades inherentes a la función judicial que, fundamentalmente, requiere una deliberación simultánea y participativa cuyo fin último es encontrar una solución a una

---

* Jueza Asociada del Tribunal Supremo de Puerto Rico y profesora adjunta de la Facultad de Derecho de la Universidad Interamericana de Puerto Rico. Agradezco a la licenciada Rocío De Félix su valiosa aportación y colaboración a este trabajo.

[1] Así lo sentenció el afamado Juez Oliver Wendell Holmes, el Gran Disidente, al afirmar: "Confío en que nadie habrá de pensar que, por criticar tan libremente el Derecho, dejo de sentir respeto por el mismo. Tengo veneración por el Derecho ..., como uno de los productos más vastos del pensamiento humano. ... Pero se puede criticar aun lo que se venera. Mi vida está consagrada al Derecho y sentiría que falto a la devoción que le profeso si no hiciera lo que dentro de mí me impulsa a mejorarlo, y, cuando alcanzo a percibir lo que me parece el ideal de su futuro". OLIVER WENDELL HOLMES, LA SENDA DEL DERECHO 43 (Abeledo-Perrot 1975).

controversia en particular. El acto de diferir, de reconocer y defender la divergencia de criterios como puntal de un proceso deliberativo comedido, ecuánime y sensato es la esencia de un sistema de justicia pluralista, representativo y democrático.

El velo de la ignorancia de Rawls, la teoría comunicativa de Habermas, el Hércules de Dworkin y otras escuelas teóricas a las que recurrimos para descifrar la naturaleza del pensamiento jurídico (y político) se fundamentan justamente en el principio de la diferencia. El disenso es, a fin de cuentas, la manifestación más puntual de la diferencia, de la idiosincrasia individual, de la libertad de expresión y de la independencia judicial. El disenso es defensa, protección, garantía, oráculo y salvación.

En este ensayo intentaré reflexionar en voz alta sobre el valor del disenso para el sistema judicial en su búsqueda constante de la Justicia, esbozando sólo los primeros trazos en este lienzo, pues queda todavía mucho por investigar. Una pregunta subyace este trabajo inicial: ¿qué efecto tienen sobre el sistema legal/democrático los votos de las minorías que recogen las opiniones disidentes? Para intentar suplir una respuesta, primero atenderemos la disidencia en el marco amplio de una sociedad democrática y cómo, al decir del profesor Cass Sunstein, las sociedades necesitan el disenso.[2] Luego, consideramos cómo las distintas tradiciones jurídicas se han enfrentado al tema y cómo las particularidades de cada tradición legal allanan el camino para la expresión discordante. Se explorarán las razones y fundamentos que explican por qué los jueces disienten y bajo qué circunstancias el acto de disentir se convierte en un deber ético del juez.

I. La sociedad y el disenso

---

[2] Cass Sunstein, Why Societies Need Dissent (2003).

Como fenómeno antropológico, el disenso ha contribuido a la formación plena de nuestras instituciones sociales y políticas. Cual lente crítico, el disenso examina las concavidades estructurales más marcadas de nuestra sociedad y las enuncia de distintas maneras. El disenso ha sido el protagonista de grandes revoluciones y protestas que han transformado sistemas políticos y sociedades a lo largo de la historia. La literatura, la crítica, la academia, la política, la educación, el arte y la música, entre tantas otras manifestaciones socioculturales, han servido de espectadoras prolijas de la impronta del disenso. Las distintas manifestaciones y los efectos del disenso en nuestra sociedad despejan cualquier duda respecto a cómo la razón no siempre se cuantifica en función de la existencia de una mayoría. En palabras de Henry David Thoreau, "any man more right than his neighbors constitutes a majority of one already".[3]

Como corolario de lo anticonvencional e insignia de la oposición, el disenso siempre ha representado la expresión más individual del sentido de justicia o moralidad que de ordinario se sintetiza en una resistencia sagaz al criterio que se califica como el mayoritario. El estigma un tanto negativo que históricamente se le ha atribuido al acto de disentir responde con toda probabilidad a la tensión que inevitablemente genera la disconformidad.[4] Después de todo, la aversión al disenso revela inquietudes generalizadas en torno a las dificultades que pueden surgir de la división y el desconcierto. La instrumentalidad del disenso estriba en

---

[3] HENRY DAVID THOREAU, WALDEN AND CIVIL DISOBEDIENCE 369 (Am. Ren. Books 2010).

[4] Para Sunstein, esta tensión puede provocar un aumento en el funcionamiento o el rendimiento de la sociedad. *Véase* SUNSTEIN, *supra* nota 2, en la pág. 80 ("Conformists avoid creating the difficulties that come from disagreement and tension, but at the expense, often, of a good outcome; dissenters might increase tension while also improving performance.").

su cualidad de antídoto para la afinidad colectiva al conformismo y al *status quo*. Como advierte Sunstein, "[u]nchecked by dissent, conformity can produce disturbing, harmful and sometimes astonishing outcomes".[5] Ello no implica, sin embargo, que el disenso —como antítesis del conformismo— siempre provea la solución a los problemas que denuncia. Si algo demostró el verano de 2019 en Puerto Rico es que el disenso —y la tensión que este genera— no siempre viene acompañado de respuestas.

El profesor y constitucionalista Mark Tushnet, en reacción a la tesis de Sunstein, arguye que, en el contexto particular del disenso judicial, únicamente tendemos a celebrar el disenso que contiene la respuesta correcta. ("Rather, the instrumental celebration of dissent is parasitic on dissent being correct.")[6] Si bien Tushnet coincide con Sunstein en que fomentar el disenso tiene un valor instrumental en toda sociedad, advierte que también puede tener un costo. Según explica, la teoría moderna de la libre expresión que recoge las proposiciones centrales sobre el valor del disenso debe enfocarse más en la capacidad de encontrar una respuesta correcta mediante el disenso que en la celebración del acto de disentir en sí.[7] En ese sentido, las complejidades que subyacen el disenso judicial trascienden su temporalidad. Desafortunadamente, en el proceso de una adjudicación judicial, la corrección de un disenso no es inmediatamente comprobable a pesar de la inquebrantable convicción del juez disidente con su conclusión. El resultado propuesto por un disenso judicial como la solución correcta a una controversia muchas veces tomará décadas en ser

---

[5] *Id.* en la pág. 1.
[6] Mark Tushnet, *Why Societies Don't Need Dissent (as Such)* en DISSENTING VOICES IN AMERICAN SOCIETY: THE ROLE OF JUDGES, LAWYERS AND CITIZENS 192 (2012).
[7] *Id.* en la pág. 200.

ejecutable. Tal y como reconoce el propio Tushnet: "the fate of dissent lies in the hands of history".[8]

II. El voto disidente en la tradición anglosajona del *common law* y en la tradición civilista continental

A.

Como sabemos, la opinión disidente es la expresión separada de quien diverge del criterio del grupo.[9] Con lo cual, el disenso judicial sólo puede existir en los cuerpos colegiados donde, de ordinario, convergen jueces de visiones contrapuestas sobre la función judicial y la naturaleza del derecho que enfrentan problemas jurídicos complejos cuya solución admite varias respuestas. No podemos olvidar lo que nos advierte Friedrich Schiller: la voz de la mayoría no es una prueba de la justicia.[10] Es por ello que el voto disidente se revela como un pilar indispensable a la función judicial.

Las dos grandes tradiciones jurídicas, el *common law* anglosajón y la tradición civilista, aunque emparentadas entre sí como nos recuerda la Jueza Presidenta Fiol Matta,[11] tuvieron un desarrollo histórico distinto que permitió que en cada tradición se desarrollaran diferencias significativas sobre una multiplicidad de temas entre los que destaca, la función de los jueces en el proceso de adjudicación. Estas diferencias se asientan sobre la visión particular de cada tradición sobre la naturaleza y función del Derecho mismo.

---

[8] MARK V. TUSHNET, I DISSENT: GREAT OPPOSING OPINIONS IN LANDMARK SUPREME COURT CASES 221 (Beacon Press 2008).
[9] La opinión concurrente se ha considerado como una vertiente de la opinión disidente. Véase, *infra*, n. 32.
[10] FRIEDRICH SCHILLER, DEMETRIUS (Delphi Classics).
[11] Liana Fiol Matta, *El Control del Texto: Método Jurídico y Transculturación*, 68 REV. JUR. UPR 803 (1999).

Históricamente, el sistema civilista ha enfatizado la codificación, secuela de la marcha por Europa de los ejércitos de Napoleón y sus codificadores. La norma, recogida de ordinario en los códigos, tiene supremacía sobre otras fuentes de Derecho. Conviene recordar que las revoluciones del siglo XVIII consagraron el dogma de estricta separación de los poderes legislativos y judicial, cuyo efecto fue limitar la función del juez al adjudicar una controversia. La función del juez se circunscribe a encontrar la disposición legislativa aplicable al asunto ante su consideración. El juez civilista se convierte así en un mero operador de la maquinaria diseñada por el legislador.[12] De esta manera, se estableció una especie de silogismo en el que la premisa mayor es el estatuto, la menor los hechos del caso y la conclusión fluye naturalmente de un ejercicio de lógica.

Se entiende así porque el papel que juegan los tribunales en el sistema civilista tradicional "no es el de sentar Derecho, ya que no se les reconoce esa autoridad, sino el de interpretar el texto del código".[13] El juez, como operador del Derecho, habrá de limitar su tarea en la mayoría de las instancias a interpretar el derecho legislado pues allí encontrará la respuesta correcta y no deberá, como nos advierte el profesor Bernabe, "formular reglas de aplicación general en casos futuros".[14] El juez desempeña un papel secundario al del legislador.

---

[12] JOHN HENRY MERRYMAN & ROGELIO PÉREZ-PERDOMO, THE CIVIL LAW TRADITION: AN INTRODUCTION TO THE LEGAL SYSTEMS OF EUROPE AND LATIN AMERICA 36-37 (4ta. Ed. 2018).
[13] Alberto Bernabe, *La Tradición Jurídica Puertorriqueña: ¿Civil o Anglosajona?*, 83 REV. JUR. DIGITAL UPR 182, 186 (2014).
[14] El profesor Pascal describió el rol del juez en un sistema de Derecho civilista de la siguiente forma:

Circunscribir la función del juez a aplicar el derecho legislado apunta a la importancia de la certeza para el Derecho civil. Si bien la certeza es un objetivo de todo ordenamiento legal, en el mundo civilista ésta se convierte en un objetivo fundamental o valor supremo para el Derecho.[15] El Derecho es cierto y debe aparentar serlo. Esta certeza se ve empañada al publicar el diferendo. Aunque, como nos advierte el profesor Merryman, el dogma de la certeza es como la reina en el ajedrez: se puede mover en cualquier dirección.[16]

Por otro lado, en la tradición anglosajona del *common law*, "se enfatiza el desarrollo de reglas y doctrinas a base de decisiones judiciales en el proceso de resolver controversias específicas".[17] Esta tradición jurídica privilegia la jurisprudencia como fuente de Derecho y será el juez quien, a través de esa jurisprudencia, siente el Derecho. El valor de la certeza se logra en este ordenamiento al reconocerle fuerza de ley a las decisiones judiciales aplicando la doctrina

---

But the judge who understands his role in a system of codified law will seek to make his decisions on and within the terms and implications of the legislative texts. He will seek to do this because he appreciates the fact that, in so doing, he helps maintain a statement of the law that combines a high degree of certainty as to principle and rule with an equally high degree of flexibility and inventiveness in the application of these principles and rules to the constantly shifting and changing factual conditions of life. He works for justice according to and through a relatively simply stated official consensus on what the basic rules of law must be. He does not permit himself to be deceived into believing it is his obligation to resubmit the law to his judgment and vary it every time a controversy is brought to his attention for solution.

Id. en la pág. 186 (*citando a* Robert Pascal, *Louisiana Civil Law and Its Study*, 60 LA. L. REV. 1, 11 (1999)).

[15] MERRYMAN, *supra* nota 12, en la pág. 122; STEFANO BERTEA, TOWARDS A NEW PARADIGM OF LEGAL CERTAINTY (2008), disponible en http://ssrn.com/abstract=2112999, última visita 15 de mayo de 2020.

[16] MERRYMAN, *supra* nota 12, en la pág. 48.

[17] BERTEA, *supra* nota 15.

de *stare decisis*.[18] Consecuentemente, el juez en este ordenamiento desempeña un rol protagónico en la determinación de qué es el Derecho.

Fue en el mundo jurídico del *common law* donde la opinión disidente encontró su hábitat natural. Este fenómeno se remonta a la Inglaterra medieval y al sistema de oralidad característico del procedimiento judicial. En éste, el juez ejercía sus funciones en una sala judicial pública en la que escuchaba argumentos y emitía dictámenes *ex tempore* ("en el momento"). A nivel apelativo, las disputas legales argumentadas ante un panel de jueces se decidían separadamente por cada integrante del panel.[19] Esta práctica, que se conoce como opiniones *seriatim* ("separadamente"), implica que todos los jueces que componen un panel emiten un dictamen particular con sus respectivas justificaciones legales y el fallo del tribunal emerge o se destila de la lectura integral de los dictámenes separados. Este sistema obligaba a cada juez a expresarse públicamente sobre los fundamentos de su dictamen; práctica que —por su transparencia— se consideraba preferible.[20]

Sobre las opiniones *seriatim*, la profesora Kelemen nos indica que:

[H]istorically, a judicial opinion was not dissenting or concurring *a priori*, but it could be qualified as such after a comparison between the different opinions. The very fact

---

[18] MERRYMAN, *supra* nota 12, en la pág. 49.
[19] KATALIN KELEMEN, JUDICIAL DISSENT IN EUROPEAN CONSTITUTIONAL COURTS: A COMPARATIVE AND LEGAL PERSPECTIVE 52 (2019). *Véase también* WILLIAM H. REHNQUIST, THE SUPREME COURT 40 (2001).
[20] M. Todd Henderson, *From Seriatim to Consensus and Back Again: A Theory of Dissent*, 2007 S. CT. REV. 283, 293-94 ("judgements made in the open and without explicit caucus among the judges may be less likely to be (or appear to be) infected by corruption or collusion or the influence of the monarch.").

that the opinions of the single judges, even if in minority, have been considered as judgments, and not simply opinions, demonstrates the particular approach to judicial decision-making in England.[21]

Así, el reconocimiento de una expresión potencialmente disidente como un fallo (*judgment*) y no una mera opinión particular apunta al valor que el derecho común le atribuye a la divergencia de criterios en la función adjudicativa. Allanado el camino a la divergencia en la función adjudicativa. Esta práctica, a su vez, ejemplifica cómo toda controversia legal admite múltiples soluciones y enaltece la discreción interpretativa sobre el autoritarismo hermenéutico.

Esta característica del procedimiento procesal inglés cruzó el océano junto a los peregrinos que abandonaron Gran Bretaña para instalarse en Norteamérica. Los primeros juristas norteamericanos, imbuidos en el *common law*, adoptaron muchas de sus prácticas e instituciones. No es de extrañar entonces que, a partir de la creación del Tribunal Supremo de Estados Unidos en 1789, ese foro optara por seguir la práctica de anunciar sus dictámenes siguiendo el modelo inglés de opiniones *seriatim*.[22] Acorde con esto, se descartó en ese momento la práctica de publicar un dictamen único que recogiera el sentir de la Curia que se había establecido, tímidamente, en algunas de las colonias.

Fue bajo el liderazgo del Juez Presidente Marshall que, en 1801, la lectura de opiniones individuales cesó y el Tribunal Supremo instauró la práctica de emitir el dictamen

---

[21] KELEMEN, *supra* nota 19, en la pág. 53.
[22] Karl M. ZoBell, *Division of Opinion in the Supreme Court: A History of Judicial Disintegration*, 44 CORNELL L. Q. 186, 192 (1958). En la primera década de existencia del Tribunal Supremo, el 25% de las opiniones emitidas seguían este modelo. *Véase* MELVIN I. UROFSKY, DISSENT AND THE SUPREME COURT 42 (2017).

a través de una sola opinión, una opinión mayoritaria, leída principalmente por el Juez Presidente Marshall. Lo que llamamos: *la Opinión del Tribunal*.[23] Este acto de audacia era imprescindible para la legitimación misma del Tribunal, así como para el fortalecimiento de su poder político en un momento crucial del desarrollo constitucional de Estados Unidos. Tanto para el presidente Adams, quien lo nombró, como para el propio Marshall, resultaba imperativo que, ante la consolidación del poder federal y el tumulto político que eso representó, la Corte pudiera hablar mediante una sola voz y que el dictamen alcanzado fuese el resultado de la labor colaborativa de los jueces y no de quienes escribían individualmente.

Para Marshall, la solidaridad institucional era más importante que la expresión individual.[24] Esta práctica, abonaba al prestigio, influencia y poder de la Corte Suprema en los albores de la República. El carácter de ese Alto Foro se forja no sólo a través de la fortaleza del razonamiento jurídico de sus opiniones sino también, mediante el mecanismo utilizado para anunciar sus dictámenes.[25] Eventualmente, la existencia de la Opinión del Tribunal admitía la posibilidad de disentir, práctica que se fue

---

[23] ZoBell, *supra* nota 22, en la pág. 193 ("*Seriatim* was a natural consequence of the orality of English court procedure.").

[24] Marshall, utilizando un seudónimo, envió una carta a un periódico en Filadelfia en la cual explicó o defendió la forma de forjar consensos en la Corte. A esos efectos, indicó lo siguiente: "The course of every tribunal must necessarily be, that the opinion which is to be delivered as the opinion of the court, is previously submitted to the consideration of all the judges; and if any part of the reasoning be disapproved, it must be so modified as to receive the approbation of all, before it can be delivered as the opinion of all." UROFSKY, *supra* nota 22, en la pág. 46.

[25] Ello no quiere decir que, durante la presidencia del Juez Marshall y en casos excepcionales, no se emitieran opiniones disidentes. Durante los treinta y cuatro años de la presidencia de Marshall, solo en el 7% de las opiniones emitidas se emitió un voto disidente o concurrente. Marshall a su vez, suscribió solo siete ponencias disidentes. *Id.* en las págs. 46-47.

generalizando al concluir Marshall su mandato como juez presidente. Y es que la centralidad de la Corte "llega a ser una cuestión basilar" y las opiniones discrepantes —como expresiones democráticas— se publican y se adjuntan a la opinión mayoritaria.[26]

Esta nueva práctica de emitir sólo una opinión no estuvo exenta de críticas y pasó a ser un ejemplo más de cómo las desavenencias entre los federalistas y anti federalistas persistieron luego de la adopción de la Constitución. No es casualidad que el sucesor del presidente Adams, Thomas Jefferson, quien había criticado esta práctica cuando se estableció en Virginia años antes, censuró la práctica de la unanimidad. Sobre ello, nos comenta el profesor Urofsky:

Nothing irked Jefferson more, however, than Marshall's success in forging the Court into a powerful instrument through the practice of speaking in one voice. "An opinion is huddled up in conclave", Jefferson charged, "perhaps by a majority of one, delivered as if unanimous, and with the silent acquiescence of lazy or timid associates, by a craftly chief judge, who sophisticates the law to his own mind, by the turn of his own reasoning."[27]

La controversia sobre las opiniones *seriatim* era una manifestación de las diferencias ideológicas profundas entre Marshall y Jefferson sobre el futuro de la República

---

[26] GIANLUCA PONTRANDOLFO, CON EL MÁXIMO RESPETO A LA OPINIÓN MAYORITARIA DE MIS COMPAÑEROS, MANIFIESTO MI DISCREPANCIA… LA FRASEOLOGÍA DEL DESACUERDO EN LOS VOTOS PARTICULARES DEL TRIBUNAL CONSTITUCIONAL 160 (AISPI Edizioni 2019) *disponible en* https://cvc.cervantes.es/literatura/aispi/pdf/bib_04/04_159.pdf.

[27] UROFSKY, *supra* nota 22, en la pág. 49. *Véase además* Laura Krugman Ray, *Justice Brennan and the Jurisprudence of Dissent*, 61 TEMP. L. REV. 307, 308 (1988) (*citando a The Works of Thomas Jefferson* 175 (1905)).

Constitucional y el rol que desempañaría el poder judicial en esa ecuación.[28]

Para Jefferson, cuatro razones justificaban rechazar las opiniones unánimes y reinstalar en la Corte Suprema la práctica de *seriatim*. Primero, hacía del proceso uno más transparente y viabilizaba el rendimiento de cuentas (*accountability*). Esto era necesario para controlar el poder excesivo de los tribunales. Segundo, mostraba que todos los jueces, individualmente, habían considerado y comprendido el caso ante su consideración. "Let [each judge] prove by his reasoning that he has read the papers, that he has considered the case, that in the application of the law to it, he uses his own judgement independently and unbiased by party views and personal favor or disfavor," escribe Jefferson.[29] Tercero, Jefferson sostenía que publicar múltiples ponencias conferiría mayor peso al precedente, pues demostraría que la opinión de la corte verdaderamente reflejaba el criterio de la mayoría. Finalmente, Jefferson sostenía que permitir el diálogo a través del tiempo, facilitaría la revocación de

---

[28] UROFSKY, *supra* nota 22, en la pág. 48; JAMES F. SIMON, WHAT KIND OF NATION: THOMAS JEFFERSON, JOHN MARSHALL, AND THE EPIC STRUGGLE TO CREATE A UNITED STATES (2003); VII THE WRITINGS OF THOMAS JEFFERSON 208 (Taylor & Maury 1854) ("I rejoice in the example you set of *seriatim* opinions. . . . Some of your brethren will be encouraged to follow it occasionally, and in time, it may be felt by all as a duty, and the sound practice of the primitive court be again restored. Why should not every judge be asked his opinion, and give it from the bench, if only by yea or nay? Besides ascertaining the fact of his opinion, which the public have a right to know, in order to judge whether it is impeachable or not, it would show whether the opinions were unanimous or not, and thus settle more exactly the weight of their authority."). *Véase además*, Oliver Schroeder, Jr., *The Life and Judicial Work of Justice William Johnson*, Jr., 95 U. PA. L. REV. 164, 168 (1946).

[29] Carta de Thomas Jefferson al Juez Asociado William Johnson (March 4, 1823), *citado en* M. Todd Henderson, *From Seriatim to Consensus and Back Again: A Theory of Dissent*, 2007 S. CT. REV. 283, 307. El Juez Johnson fue designado al Tribunal Supremo por Jefferson (1802) y se le conoció como el "*First Dissenter*".

dictámenes erróneos en el futuro.[30] Es decir, el disenso anterior serviría de *precedente* para el futuro.[31] Curiosamente, las razones que esgrime Jefferson para rechazar la práctica de la opinión única se invocan igual para justificar las disidencias.

B.

Contrario a la tradición del *common law*, históricamente, la recepción de votos discrepantes o concurrentes[32] se consideró ajena a la tradición legal civilista, entre otras razones por la función asignada a los jueces en esta tradición jurídica, como repasamos

---

[30] Carta de Thomas Jefferson al Juez Asociado William Johnson (Oct 27, 1822) *citada en Id.* en la pág. 307.
[31] *Id.* en la pág. 305.
[32] El voto disidente refleja el desacuerdo de un juez con la parte dispositiva (fallo) de la sentencia de la que se disiente, así como con su fundamentación. El voto concurrente refleja la discrepancia del juez concurrente con la argumentación (fundamentación) mayoritaria pero no con el fallo adoptado. De ordinario, estas ofrecen razonamientos alternativos para validar el fallo emitido o, incluyen argumentos adicionales en apoyo al dictamen que se obviaron en la ponencia mayoritaria. En nuestro ordenamiento, es precisamente este elemento — no suscribir los fundamentos del fallo mayoritario— lo que impide que las opiniones concurrentes se consideren para determinar si la ponencia circulada originalmente, cuenta con los votos necesarios para que se pueda convertir en la opinión del tribunal. *Véanse* KELEMEN, *supra* nota 19, en las págs. 5, 53-57; UROFSKY, *supra* nota 22, en las págs. 2-24; Igor Kirman, *Standing Apart to Be a Part: The Precedential Value of Supreme Court Concurring Opinions*, 95 COLUM. L. REV. 2083, 2088 (1985). *Véanse además* FRANK M. COFFIN, ON APPEAL COURTS, LAWYERING AND JUDGING, (R.S. Means Co., 1996); ALAN PATERSON, FINAL JUDGEMENT: THE LAST LAW LORDS AND THE SUPREME COURT (Kindle Edition 2014).

previamente.[33] En la actualidad existe una lista extensa de países pertenecientes a la tradición de derecho civil que cuentan con un sistema de disidencias.[34] Este sistema de disidencia es consecuencia natural de los fenómenos de la constitucionalización e internalización del Derecho, así como del estudio del Derecho comparado. Ello ha abierto mayores espacios para acoger una regla de transparencia que admita disidencias judiciales como estándar de legitimidad.

El desarrollo del constitucionalismo con base en el control de constitucionalidad implica que los tribunales constitucionales han de enfrentarse a una madeja de preguntas jurídico-morales en las cuales la sociedad se encuentra dividida (aborto, pena de muerte, libertad de culto) y grandes controversias de fuerte tinte político que enfrentan de manera conflictiva a importantes sectores de estado (conflictos entre Poder Ejecutivo y Poder Legislativo, amplitud del poder Ejecutivo en tiempos de crisis, impugnaciones a una ley electoral o al proceso electoral propiamente, etc.). Las respuestas que ofrezca el Poder Judicial —cualesquiera que sean— generan controversia e impacto social y "reducen el ámbito democrático de

---

[33] Sin embargo, en la España del Siglo XV existía el llamado voto reservado que le permitía a un Oidor suscribir un voto separado disidente que el Presidente de Sala registraba en un libro llamado *Libro secreto del acuerdo*. Así también, en la Italia preunificada, se permitía el voto disidente en el Reino de Nápoles y en la Toscana. En Alemania, en el estado de Baden, los votos disidentes se publicaban rutinariamente hasta mediados del siglo XIX. *Véanse*, Katalin Kelemen, *Dissenting Opinions in Constitutional Courts*, 14 GERMAN L. J. 1345, 1347 (2013); II-V NOVÍSIMA RECOPILACIÓN DE LAS LEYES DE ESPAÑA, Ley XL, 350-51. Si se acudía en alzada, el voto reservado se compartía con las partes y con el foro revisor. *Véanse también* PONTRANDOLFO, *supra* nota 26; José Luis Casacajo Castro, *La figura del voto particular en la jurisdicción constitucional española*, 17 REV. ESP. DER. CONST. 171 (1986).

[34] KELEMEN, *supra* nota 19, en la pág. 82 (Tabla 4.1).

discusión natural en órganos electos"[35] lo que supone que aumenta la presión por que las visiones disidentes tengan un espacio en el debate público.

Algunos países de la tradición civilista han flexibilizado su acercamiento al Derecho y se han distanciado del positivismo estricto que únicamente admite una interpretación de la norma. En el caso de España —donde el voto disidente lleva el nombre de voto particular— su ordenamiento judicial prevé expresamente los requisitos y las modalidades de presentación de un voto particular. Como muestra, el Título IX de la Constitución Española, en su Artículo 164.1 prevé el voto discordante al disponer: "Las sentencias del Tribunal Constitucional se publicarán en el boletín oficial del Estado con los votos particulares, si los hubiere." Con lo cual, las disidencias están revestidas con *imprimatur* constitucional.

En los órganos colegiados de la jurisdicción, bien sean las Salas de las Audiencias Provinciales, de los Tribunales Superiores de Justicia o de las Comunidades Autónomas, cualquiera de los magistrados que compongan la Sala puede emitir un voto particular. Igualmente, los magistrados de las cinco Salas del Tribunal Supremo, así como los del Tribunal Constitucional pueden emitir sus votos particulares.[36] La presencia de los votos particulares en la jurisprudencia del Tribunal Constitucional representa, "una garantía de democracia y de progreso jurisprudencial".[37] Asimismo, los votos particulares han servido para propiciar cambios importantes en el ordenamiento constitucional.

---

[35] Sergio Verdugo, *Aportes del Modelo de Disidencias Judiciales al Sistema Político. Pluralismo Judicial y Debate Democrático*, 18 REV. DER. U. CAT. DEL NORTE 217, 223 (2011).
[36] Ley Orgánica 6/1985 de 1 de julio, BOE-A-1985-12666, *Ley Orgánica del Poder Judicial*, Arts. 137.3, 157.2, 260.
[37] PONTRANDOLFO, *supra* nota 26, en las págs. 162-63.

Recapitulando, tanto en la tradición civilista como en el derecho común, las opiniones disidentes o votos particulares han servido de plataforma para la expresión individual de la idiosincrasia del adjudicador y han posibilitado la deliberación participativa de los cuerpos colegiados que componen las distintas cortes. El auge y la prevalencia de las opiniones disidentes en la tradición del *common law* se retrotrae a las condiciones históricas y políticas en las que se desarrolló su sistema de justicia. Mientras que el derecho civil se caracterizó desde sus inicios por la existencia de la codificación de la norma, en el *common law* la norma se desarrolló mediante los llamados *writs* monárquicos que, con el pasar del tiempo, se convertían en el precedente judicial o *stare decisis*.

En ese sentido, la tradición del derecho común siempre ha reconocido la prerrogativa del adjudicador de desarrollar e instituir la norma a seguir mediante la disposición de controversias. El adjudicador en el derecho civil, por el contrario, está obligado a acatar la norma estatuida en los códigos y otros cuerpos legales. Esa norma escrita procura limitar la discreción del adjudicador y homogenizar el Derecho. Hasta cierto punto pues, se entiende que su aplicación no admite desviaciones que puedan resultar en diferencias de criterios. En la tradición del *common law*, la pluralidad de acercamientos al *stare decisis* conforme a las variaciones fácticas de cada caso, en combinación con la discreción inherente a la función adjudicativa, explica la preminencia y el valor del disenso en el quehacer jurídico.

III.   Reflexiones sobre el valor de la disidencia

Previo a expresarme sobre el valor de la disidencia debo reconocer que —en ciertas instancias— la unanimidad de un dictamen judicial y el consenso que conlleva, le imparte certeza y legitimidad a ese dictamen lo que propicia su aceptación y deferencia por parte de la ciudadanía. La unanimidad, nos dice el Juez Brennan: "underscores the gravity of a constitutional imperative".[38] El Juez Presidente Earl Warren laboró intensamente para que el dictamen en *Brown v. Board of Education*, fuese unánime. Warren comprendió a la perfección cuán importante era lograr un dictamen unánime en un caso que versaba sobre el estatus de los afroamericanos, tema que como sabemos, llevó a Estados Unidos al precipicio de una Guerra Civil. Igualmente, la reciente Opinión de nuestro Tribunal Supremo, que sostuvo que un Secretario de Estado interino no puede asumir la gobernación ante la renuncia del incumbente,[39] ejemplificó esa consciencia del Tribunal de que existen asuntos de tal importancia que hay que procurar que la Opinión que emita el Tribunal cuente con la conformidad de todos sus miembros. Ello, no obstante, considero que la solidaridad que representa el consenso o la calidad moral individual que encarna un disenso, no deriva del acto de consentir o disentir de por sí, sino de la importancia del asunto objeto de adjudicación. Pasemos a delinear aquellos rasgos del voto disidente que estimo revelan su importancia para el ordenamiento jurídico.

La doctrina aborda el fenómeno de la disidencia judicial planteándose cuán beneficioso o perjudicial puede ser permitir que se publiquen ponencias separadas al dictamen del tribunal. La utilidad de acceder a la publicación de las ponencias disidentes se examina, generalmente, desde la perspectiva de la transparencia, la independencia judicial, así como la legitimidad y autoridad de la corte. A juicio de la profesora Kelemen, las opiniones disidentes cumplen cuatro funciones fundamentales, que ella ha denominado: la

---

[38] William J. Brennan, *In Defense of Dissents*, 37 HASTINGS L. J. 427, 432 (1985).
[39] *Senado de Puerto Rico v. Gobierno de Puerto Rico*, 2019 TSPR 138.

función estimulante, la informativa o comunicativa, la dialéctica y la transformativa.[40] Coincido con esa caracterización e intentaré ilustrar cada función con algunos ejemplos de cómo ello se materializa.

Es razonable que los jueces de un cuerpo colegiado difieran sobre los temas legales que enfrentan, particularmente cuando se trata de los llamados "casos difíciles". La discusión interna entre los jueces sobre el caso pendiente tiende a mejorar y fortalecer el producto final que se anuncia, pues la retórica del disenso es un reto a la voz monolítica de la mayoría que rebate los fundamentos de ésta y ofrece argumentos alternativos y estimulantes, obligando al juez ponente a considerar la voz disidente. Sin duda, la Opinión finalmente publicada en *González Rosado v. Echevarría Muñiz*,[41] un caso en el que el Tribunal resolvió que el término de caducidad de la acción para impugnar un reconocimiento voluntario de paternidad debido a su inexactitud comienza a transcurrir desde el acto del reconocimiento, fue superior al borrador inicial de la ponencia que circulé. Los cambios realizados respondieron a tener que enfrentarme y examinar detenidamente los argumentos esgrimidos principalmente por la Jueza Fiol Matta en su disenso. Esos argumentos no sólo me ayudaron a identificar puntos que requerían aclaración en el borrador que había circulado, sino que además, propendieron a un diálogo estimulante entre los miembros de la Curia respecto a la controversia planteada.

El Tribunal es un cuerpo continuo, que está atado al pasado y también al futuro. Es por ello, que el diálogo interno con los pares puede ser también un diálogo simultáneo con el pasado. Y ese diálogo con el pasado es sólo posible si en ese pasado hubo la oportunidad de escribir

---

[40] KELEMEN, *supra* nota 19, en la pág. 158.
[41] *González Rosado v. Echevarría Muñiz*, 169 DPR 554 (2006).

y publicar un criterio divergente. Como advirtió el Juez Brennan, las opiniones disidentes son una especie de repositorio de las ideas (*marketplace of ideas*), ricas en posibles fundamentos e interpretaciones alternas.[42] Así, si bien las disidencias no establecen precedente, ello no implica que carezcan de descendencia, como veremos.[43] De ahí, el diálogo con el futuro a partir del diálogo del pasado.

La plática no tan sólo es entre los jueces, el coloquio también se da hacia el exterior, por ejemplo, con el legislador. En esa instancia, la disidencia cumple una función informativa o comunicativa al advertirle al legislador de la necesidad de legislar para atemperar un defecto de la ley.[44] En *Ledbetter v. Goodyear Tire & Rubber, Co.*, la demandante, Lilly Ledbetter, demandó a su patrono alegando discrimen de género porque consistentemente sus aumentos salariales periódicos eran menores que los de sus compañeros varones. Ésta señaló que tal práctica estaba reñida con el Titulo VII del Civil Rights Act de 1964 (el *Equal Pay Act*). El Tribunal Supremo de Estados Unidos resolvió que bajo este estatuto una parte afectada tiene un término de 180 días *desde que ocurrió el acto discriminatorio*, para presentar una querella de discrimen ante el *Equal Employment Opportunity Commission* (EEOC). En el caso particular de la demandante, el Tribunal Supremo concluyó que su reclamación estaba prescrita, puesto que el término de 180 días había comenzado a transcurrir a partir del momento en que se le aumentó el salario y no con el recibo periódico de cada cheque con una cuantía inferior a la de sus pares. Es decir, el Tribunal concluyó que un patrono no podía ser demandado por discrimen salarial si las alegaciones se basaban en decisiones

---

[42] Brennan, *supra* nota 38, en la pág. 430.
[43] Guillermo Rebollo Gil, *Genealogía y Exceso: Interpretación Judicial y Tratamiento de Género en Pueblo v. Flores Flores y Pérez v. Feliciano*, 81 REV. JUR. UPR 895 (2012).
[44] *Ledbetter v. Goodyear Tire & Rubber, Co.*, 550 U.S. 618 (2007).

discriminatorias que el patrono había tomado hacía más de 180 días, a pesar de que sus repercusiones continuaban afectando al empleado.

La Jueza Ginsburg suscribió una Opinión disidente en la que metódicamente refutó los argumentos de la mayoría y criticó su interpretación sobre cuándo comenzaba el decurso del término prescriptivo dispuesto en el Título VII, 42 USC § 2000e-5(e)(1) en casos de discrimen salarial. Arguyó, que era imposible requerirle a un demandante cumplir con un término si no tenía conocimiento del acto discriminatorio. Indicó, además, que el término era insuficiente para recopilar información sobre disparidades salariales y que cada pago discriminatorio —y no solamente la determinación salarial en sí— constituía una acción vedada por el estatuto.

Sostuvo que la interpretación de la Corte era incompatible con el propósito remedial que procuraba el Título VII e invitó al Congreso a corregir la interpretación errónea del estatuto contenida en el dictamen ("Once again, the ball is in Congress' court. As in 1991, the Legislature may act to correct this Court's parsimonious reading of Title VII."). En respuesta, en 2007 se presentó en el Congreso el *Lilly Ledbetter Fair Pay Act*, que se convirtió en ley un poco más tarde. Mediante esta legislación, se dispuso que cuando un reclamo presentado ante el EEOC incluyera una alegación de discrimen salarial, se podría reclamar por actos discriminatorios que hubiesen ocurrido con anterioridad al término prescriptivo de 180 días. La disidencia habló y el Congreso escuchó y como resultado, el problema generado por la interpretación del Tribunal Supremo de Estados Unidos cesó.

La disidencia también le puede hablar a la parte perdidosa y le comunica cómo puede obtener un remedio satisfactorio. Un ejemplo reciente de ello ocurrió en *Acevedo v. Iglesia Católica Apostólica Romana.*[45] En este caso, el Tribunal Supremo resolvió que la Iglesia Católica Apostólica Romana tenía personalidad jurídica propia y, por lo tanto, debía responder por las pensiones de cientos de maestros, empleados y ex empleados de colegios y academias católicas. En la Opinión disidente suscrita por el Juez Asociado Colón Pérez, éste se dirigió a la parte perdidosa indicándole que todos los caminos para la Iglesia conducían no a Roma, sino al Tribunal Supremo de Estados Unidos. El Juez indicó: "Corresponde ahora que el Alto Foro Judicial Federal, si así lo solicitan las partes aquí afectadas, rectifique el error cometido por este Tribunal, por tratarse de un asunto de particular importancia en el tema de la separación de Iglesia y Estado". La Iglesia escuchó y el Tribunal Supremo de Estados Unidos revocó sumariamente la Opinión de nuestro Tribunal.

De otra parte, el diálogo al exterior permite que los demás operadores del derecho, a saber: abogados, la academia y los restantes miembros de la judicatura— puedan calibrar el rumbo del Tribunal y debatir y argumentar sobre las virtudes o defectos del sendero por el que se transita. La profesora Kelemen nos advierte que: "Dissenting opinions become part of a larger dialogue between judges and scholars on the various legal topics, therefore they also assume a kind of dialectical function".[46]

---

[45] *Acevedo v. Iglesia Católica*, 200 DPR 458 (2019) (*revocado por Roman Catholic Archdiocese of San Juan v. Acevedo Feliciano*, 140 S.Ct. 696 (2020)).

[46] KELEMEN, *supra* nota 19. Sobre este aspecto, véanse además, Esther Vicente, *Una ley mal tratada: El Tribunal Supremo del siglo 21 ante la violencia, las mujeres y el género*, 46 REV. JUR. UIPR 95 (2011); Érika Fontánez Torres, *El peligro del absolutismo judicial*, en DERECHO AL DERECHO: COMENTARIOS SOBRE DERECHO, JUSTICIA Y DEMOCRACIA EN PUERTO RICO (2011).

Considero que los casos hermandados *Pueblo v. Flores Flores*[47] y *Pueblo v. Pérez Feliciano*,[48] retratan este proceso dialéctico o discursivo y ponen de manifiesto una forma en que las opiniones disidentes pueden tener descendencia. Ambos versan sobre el alcance de la *Ley para la Prevención e Intervención con la Violencia Doméstica* (Ley 54). En *Flores Flores*, el Tribunal al estar igualmente dividido, emitió una sentencia confirmando el dictamen del Tribunal de Apelaciones que había resuelto que la Ley 54 no cobijaba situaciones en las que una persona cometía actos de violencia contra su pareja cuando uno o ambos integrantes de la pareja estaban casados con otra persona.[49] Por lo tanto, la Opinión de conformidad de tres miembros del Tribunal validó la interpretación que sostenía que la Ley 54 no aplicaba cuando la relación de pareja era adulterina.[50] Fundamental para esta conclusión fue la lectura que se esboza sobre el bien tutelado por la Ley 54. La Opinión de conformidad recalca:

[D]e dicho historial surge el claro deseo legislativo de proteger la integridad misma de la familia y sus miembros… Al examinar el historial legislativo de la Ley 54 resulta evidente que ese estatuto está dirigido a la intervención y prevención de la violencia en las relaciones de pareja en el

---

[47] *Pueblo v. Flores Flores*, 181 DPR 225 (2011).
[48] *Pueblo v. Pérez Feliciano*, 183 DPR 1003 (2011).
[49] En *Flores Flores*, el Tribunal Supremo se dividió tres a tres. El Juez Asociado Kolthoff Caraballo suscribió una opinión de conformidad a la cual se le unieron los Jueces Asociados Martínez Torres y Pabón Charneco. La Jueza Asociada Fiol Matta suscribió una opinión disidente a la cual se le unieron el Juez Presidente Hernández Denton y esta servidora. El Juez Asociado Rivera García se inhibió.
[50] En su opinión disidente, la Jueza Fiol Matta expuso con claridad y precisión la naturaleza de la violencia contra las mujeres en la pareja y los valores culturales en los que se asienta. A la ponencia de la Jueza Fiol se le unieron el Juez Presidente Hernández Denton y esta servidora.

contexto familiar. Surge con claridad el deseo legislativo de proteger la integridad misma de la familia y sus miembros.[51]

La academia reaccionó a la desafortunada conclusión a la que había llegado el Tribunal Supremo, a partir de una lectura equivocada de la Ley 54. A esos efectos, la distinguida profesora Esther Vicente escribió:

Se trata de una decisión discriminatoria y odiosa. Discriminatoria porque se ensaña con un sector de la población que no se acomoda a la visión tradicional del tipo de relación de pareja que tenemos derecho a formar en Puerto Rico. Odiosa, porque abona al clima de prejuicio que aún se respira en esta Isla contra las mujeres que se alejan del mandato fundamentalista de ser hija-madre-esposa abnegada y subordinada.[52]

Otro tanto hizo la profesora Érika Fontánez Torres ("Se trata de una negación total de la compleja y diversa sociedad en que vivimos y esa imposición y temor al cambio se está haciendo a través de la mácula de la adjudicación 'en derecho'").[53] Las críticas suscritas por ambas profesoras se publicaron en el blog derechoalderecho.[54]

---

[51] *Flores Flores*, 181 DPR en las págs. 238, 244.
[52] Esther Vicente, *Interpretación discriminatoria y odiosa*, (26 de marzo de 2011), *disponible en* http://derechoalderecho.org/2011/03/26/interpretacion-discriminatoria-y-odiosa/.
[53] Fontánez Torres, *supra* nota 46.
[54] En un aparte, debo dejar claro que la crítica académica juega un rol importante en la esfera social democrática. El Tribunal Supremo, como institución indispensable de un estado democrático, no está como no puede estarlo, ajeno a la crítica y a los cuestionamientos de sus dictámenes. Como antes vimos, las democracias requieren para su

Meses más tarde, en *Pérez Feliciano*, el Tribunal Supremo se enfrentó nuevamente con una interpretación restrictiva de la Ley 54 por parte del foro apelativo intermedio. En este caso, el Tribunal de Apelaciones había concluido que "las meras relaciones sexuales no constituyen, por sí solas, una relación afectiva como la que se quiso proteger bajo la Ley 54", por lo que procedió a revocar al Tribunal de Primera Instancia al concluir que la acusación era insuficiente para imputar delito. El foro de instancia había descartado este planteamiento de la defensa y había encontrado culpable al acusado por el delito de maltrato entre pareja. En el texto de la Sentencia en *Pérez Feliciano* el Tribunal Supremo citó con aprobación *Flores Flores*,[55] lo que enviaba un claro mensaje a los jueces de los foros inferiores, a la comunidad jurídica y a la sociedad en general, de que la Ley 54 debía interpretarse de manera restrictiva.

La referencia a *Flores Flores* me sirvió de pie forzado para criticar reciamente el proceder del Tribunal de citar la sentencia en ese caso como si se tratara de un precedente. Además, aproveché la ocasión para rechazar el razonamiento original de la Opinión de conformidad en *Flores Flores*. En mi Opinión concurrente y disidente cité con aprobación los artículos de las profesoras Vicente y Fontánez, respecto a *Flores Flores*. Una de las Opiniones de conformidad criticó

---

legitimidad el reconocimiento —entre otros derechos— del derecho a la expresión y a la protesta o disidencia, como vehículos estos para determinar qué leyes gobiernan a la sociedad, valores que sirven de dique de contención a lo que bien puede ser el carácter autoritario del Derecho. *Véase* RICHARD POSNER, THE PROBLEMS OF JURISPRUDENCE 461 (1990).

[55] En esta segunda iteración sobre la Ley 54 los jueces estuvieron muy activos. La Jueza Asociada Fiol Matta emitió una opinión concurrente, a la cual se unió el Juez Presidente Hernández Denton. En ese momento, emití una opinión concurrente y disidente. El Juez Asociado Martínez Torres emitió una opinión de conformidad, a la cual se unió el Juez Asociado Kolthoff Caraballo y la Jueza Asociada Pabón Charneco. El Juez Asociado Rivera García emitió una opinión de conformidad, a la cual se unió el Juez Asociado Feliberti Cintrón.

rudamente la referencia a los artículos publicados por las profesoras en un blog. Se intentó descalificar dicha Opinión concurrente y disidente por utilizar como fuente los artículos mencionados ya que éstos se habían publicado en un blog. Es decir, se descartó la crítica a *Flores Flores* expuesta en esos artículos por no publicarse en lo que la profesora Fontánez Torres denomina, "una fuente de autoridad convencional",[56] más que abordar el aspecto sustantivo de la crítica.

Además, ambas Opiniones de conformidad en *Pérez Feliciano* se dieron a la tarea de rechazar el estilo de la Opinión concurrente y disidente suscrita, por no ajustarse a lo que "debe ser" el canon imperante de conducta. La prensa recogió el agrio intercambio entre jueces en una nota periodística que tituló: Suprema Pelea.[57] Y por su parte, las profesoras Vicente y Fontánez se defendieron públicamente de los ataques expresando su diferendo con el Tribunal sobre los medios alternos de expresión como los blogs, además de reiterar sus diferencias sobre los méritos de la controversia en *Flores Flores,* así como valoraron el derecho a disentir.[58] Lo cierto es que en ocasiones, la voz disidente tiene que hablar en tono severo y áspero pues se tiene que escuchar a través del tiempo.

---

[56] Fontánez Torres, *supra* nota 46.

[57] La reseña periodística resume las incidencias del caso y la discusión que se suscitó. Esta nota periodística aparece reproducida en el blog poder y ambiente *disponible en* http://poderyambiente.blogspot.com/2011/12/cibernautas-en-el-mundo-de-vida.html.

[58] *Véanse* Érika Fontánez Torres, *Cibernautas en el mundo de vida jurídico*, 24 de diciembre de 2011, http://www.antelaley.com/2012/12/derecho-al-derecho-erika-fontanez.html; Esther Vicente, *Profesora Mafalda: Persona del Año*, El Nuevo Día, 29 de diciembre de 2011. Ambos artículos aparecen transcritos en ESTHER VICENTE, MÁS ALLÁ DE LA LEY, SEXO GÉNERO Y VIOLENCIA EN LA RELACIONES DE PAREJA 378-81 (2017).

Estas incidencias retratan el discurso dialéctico entre miembros del Tribunal Supremo y voces críticas de la sociedad; en este caso con la academia. Aunque pueda aparentar que abonan al conflicto y a la controversia, considero que es todo lo contrario. Estos intercambios ejemplifican cómo los disensos son una forma de protesta sociopolítica que le da voz al Otro, tantas veces invisibilizado. Su efecto real considero, es enaltecer los valores democráticos, de los cuales, nuestro más Alto Tribunal debe servir de último asidero.[59] Una democracia sólo puede desarrollarse si permite que las voces discordantes, las voces que incomodan, participen en ese mercado de las ideas. Debemos recordar siempre lo que advierte el profesor Stephen Carter: "Democracy demands dialogue, and dialogue, flows from disagreement".[60] Y es precisamente por esa importancia de la disconformidad, que una sociedad "en la que el disenso no esté permitido es una sociedad muerta o destinada a morir".[61]

De otra parte, uno de los valores más importantes que cumple la opinión disidente para la sociedad es ese llamado que hace a la inteligencia del futuro para que corrija los graves errores del pasado. Desde esta óptica, el disenso busca dejar constancia para la historia de que hubo jueces

---

[59] "Acallar a la disidencia restándole importancia o valor a sus argumentos o, incluso, sugiriendo que estos se esbozan para adelantar posturas personales es una forma de violencia simbólica que no podemos validar. La democracia no es meramente una palabra para ser invocada a conveniencia; es un compromiso y una promesa que nos exige pronunciarnos en pos de la justicia y la equidad". *Pueblo v. Pérez Feliciano*, 183 DPR 1003, 1049-50 (Rodríguez Rodríguez, opinión disidente).
[60] STEPHEN CARTER, CIVILITY MANNERS, MORALS AND THE ETIQUETTE OF DEMOCRACY 24 (1998).
[61] NORBERTO BOBBIO, EL FUTURO DE LA DEMOCRACIA 48 (José F. Fernández Santillán Trad.) (1986) *disponible en* http://pdfhumanidades.com/sites/default/files/apuntes/17%20%20Bobbio%20%5BLibro%20completo%5D_pp%2012_pp%2049.

que previeron la injusticia de un dictamen dando voz de alerta del camino azaroso por el cual transitaba el Tribunal. En ese sentido, la opinión disidente cumple con su función de transformar y mejorar el derecho. Esa función transformativa también constituye una exigencia de la propia democracia pues el disenso desenmascara las promesas no cumplidas de ésta y abre espacios donde se pueda manifestar el verdadero pluralismo social.[62] Nadie pone en duda que la solitaria Opinión disidente del Juez Harlan en *Plessy v. Ferguson*,[63] le habló no solo a sus pares sino a la sociedad y a una generación futura sobre la ignominia de la doctrina de separados pero iguales (*"separate but equal"*). La tragedia es que hubiese que esperar casi sesenta años para corregir ese error y exponer la respuesta correcta en *Brown v. Board of Education*.[64]

En nuestro País, las opiniones disidentes también han presagiado cambios importantes en nuestro entorno social. Las voces disidentes del Juez Presidente Hernández Denton y las Juezas Asociadas Fiol Matta y de esta servidora dieron cuenta de la grave injusticia que suponía la Opinión del Tribunal en *A.A.R., Ex parte*,[65] donde una mayoría le negó a la madre de una menor el derecho a que el Estado la reconociera como tal por el hecho de ser del mismo sexo que su pareja, la madre biológica. Afortunadamente, las mamás en *A.A.R., Ex parte*, no tuvieron que esperar sesenta años

---

[62] *Id.* en la pág. 51. *Véase además* John Alder, *Dissents in Courts of Last Resort: Tragic Choices?*, 20 OXFORD J. L. STUDIES, 221, 221, 245 (2000) ("[T]he practice of dissent follows the development of democracy.... [T]he majority of dissents in courts of last resort raise legitimate disagreement about fundamental incommensurable values .... In the case of a highest appellate court the dissent is a mechanism for ... providing a public acknowledgment of democratic choice.").

[63] *Plessy v. Ferguson*, 163 U.S. 537, 552 (1896).

[64] *Brown v. Board of Education*, 347 U.S. 483, 495 (1954).

[65] *A.R.R., Ex parte*, 187 DPR 835 (2013).

para ver cómo se rechazaba el discrimen del que fueron objeto.

En las expresiones disidentes que emití cuando el Tribunal denegó la moción solicitando reconsideración de su dictamen, advertí sobre cómo la decisión del Tribunal Supremo —que estaba presta a emitirse— en *United States v. Windsor*[66] podría incidir en nuestros pronunciamientos, por lo que se justificaba posponer la resolución de la reconsideración y paralizar los efectos de una determinación claramente errónea y fundamentalmente injusta, hasta tanto el foro federal se expresara.[67] Luego del dictamen de *Windsor*, —que reconoció el matrimonio entre parejas del mismo sexo a nivel federal— el Tribunal Supremo decretó la inconstitucionalidad de cualquier disposición estatal que discriminara en contra o prohibiera el matrimonio entre parejas del mismo sexo en *Obergefell v. Hodges*.[68] De esta manera, se despejó cualquier duda que pudiera existir, respecto al derecho que tenía la peticionaria en *A.A.R., Ex parte* a adoptar a quien, en efecto, siempre fue su hija.

Lo lamentable de *A.R.R., Ex parte* es que fuera el foro federal y no nuestro Tribunal el que rechazara la indignidad del acto discriminatorio contra estas madres. Ello a pesar, de que somos nosotros y no ellos, quienes recogemos en nuestra Constitución el valor esencial de la dignidad humana así somo el derecho fundamental a la intimidad. A modo de privilegio personal, y con el perdón de ustedes, cito el final de mi Opinión disidente: "Por las razones expresadas y con profundo pesar, disiento desde el lado correcto de la historia y sin olvidar que '[l]a experiencia enseña que todo el que

---

[66] *United States v. Windsor*, 570 U.S. 744 (2013).
[67] *A.R.R., Ex parte*, 188 DPR 380, 398–99 (2013) (Rodríguez Rodríguez, opinión disidente). El Tribunal emitió su no ha lugar a la solicitud de reconsideración el 10 de abril de 2013 y la Opinión en *Windsor* se emitió el 26 de junio de 2013.
[68] *Obergefell v. Hodges*, 576 U.S. 644 (2015).

camina por la historia exhibiendo absolutos deja un mal recuerdo'".[69] Como señaló Tushnet, del destino de mis expresiones ciertamente se encargó la historia.

IV. Reflexión final: La disidencia como muestra de transparencia y el deber ético de disentir

La expresión disidente legitima un tribunal de última instancia al hacer realidad el tan manido reclamo de la transparencia. Me explico. Contrario a las otras dos ramas de gobierno, el Poder Judicial, toma sus decisiones en secreto. La confidencialidad que rodea —y debe rodear— los trabajos del Tribunal Supremo se revelan como uno de sus imperativos adjudicativos. Así, nuestro proceso de adjudicación no se discute —o no debe discutirse— públicamente salvo, claro está, cuando se publica el dictamen final. Ese elemento misterioso que rodea la labor del adjudicador, aunque necesario e imprescindible, es contrario a los principios sobre los que se asienta la democracia deliberativa e incide, necesariamente, sobre la legitimidad y la transparencia de una corte de última instancia. La disidencia, sin embargo, abre una celosía al interior del proceso deliberativo de los miembros del foro colegiado y permite entrever los intercambios y las dinámicas que allí ocurren, permite atisbar y calibrar los argumentos que se esgrimieron, y revela la complejidad del proceso decisional. Y es que por todo resquicio siempre entra el sol. Como se ha dicho: "[T]he practice of dissent manifests the exchange of reasons along the Justices that characterizes their process of decision-making; without this practice, those of us outside the Court would have no way to

---

[69] *A.R.R., Ex parte*, 187 DPR en la pág. 1071 (2013) (Rodríguez Rodríguez, opinión disidente).

see the Court as embodying a deliberative process of judgment".[70]

En la medida en que el disenso judicial propicia una deliberación que pondera las distintas alternativas para solucionar una controversia, estimo que el acto de disentir constituye un deber ético ineludible de todos los integrantes de los foros colegiados. Como hemos visto, el disenso fomenta no sólo un diálogo institucional interno, sino intercambios discursivos importantes entre distintos componentes de nuestra sociedad que legitiman la función judicial y atizan la operación cabal del sistema de justicia. En el esquema de separación de poderes, el disenso es —sin lugar a duda— un baluarte de la independencia judicial tanto en su aspecto interno como externo, y un elemento esencial para el cabal cumplimiento con los cánones que regulan nuestro ministerio.

Cónsono con esto, el Canon I de los Cánones de Ética Judicial exige que, como jueces, velemos por que nuestras actuaciones respondan a normas de conducta que honren la integridad e independencia judicial y que estimulen el respeto y la confianza en la Judicatura. Establece además que, "[l]a fe de un pueblo en la justicia, como valor esencial de la democracia, debe ser mantenida por los tribunales a los más altos niveles de la responsabilidad pública".[71] El Canon II, de otra parte, requiere que los jueces seamos cuidadosos en la interpretación de la ley y que resolvamos cada controversia ante nuestra consideración a base de nuestra propia evaluación de la prueba.[72]

En el contexto de un foro colegiado como lo es el Tribunal Supremo, recurrir a la conformidad o al silencio

---

[70] Kevin Stack, *The Practice of Dissent in the Supreme Court*, 105 YALE L.J. 2235, 2257 (1996).
[71] Cánones de Ética Judicial, 4 LPRA Ap. IV-B, C. I.
[72] 4 LPRA Ap. IV-B, C. II.

con el único fin de reflejar una imagen de unanimidad y solidaridad podría representar una transgresión a nuestro deber de "impartir justicia de conformidad con el derecho aplicable, con absoluta ecuanimidad, y sin preocuparle el reconocimiento que pueda darse a su labor, ni la crítica injusta".[73] Además, conforme a los Cánones, los jueces estamos obligados a intervenir en cualquier procedimiento judicial "para esclarecer cualquier extremo o impedir una injusticia".[74] En la mayoría de los casos, el disenso justamente procura esclarecer algún extremo (o muchos) de la opinión mayoritaria con el fin de denunciar una injusticia. Tal actuación no solamente está comprendida en nuestras funciones y deberes como adjudicadores sino que, además, es parte esencial del imperativo deontológico universal que exige "obrar según ciencia y conciencia".[75]

Es la conciencia del adjudicador la que interpreta y aplica principios legales a una controversia en particular y "obrar o no conforme a la recta conciencia es lo que va a determinar que una persona actúe o no de acuerdo a su dignidad y a las exigencias de su ser personal".[76] Así, la conciencia puede ser testimonio de vicio y virtud, pero, como advirtió Cicerón, "si lo suprimís, nada permanece".[77]

Poco se ha escrito sobre el acto de disentir como una manifestación del deber ético de impartir justicia y forjar el derecho. En Estados Unidos, sin embargo, se ha cuestionado el valor del disenso en la consecución de la certeza y seguridad jurídica y en la prevalencia del estado de

---

[73] 4 LPRA Ap. IV-B, C. XI.
[74] 4 LPRA Ap. IV-B, C. XIV.
[75] SOTO NIETO, F., ÉTICA DE LAS PROFESIONES JURÍDICAS: ESTUDIOS DE DEONTOLOGÍA 593 (2003); ÁNGELA APARISI MIRALLES, ÉTICA Y DEONTOLOGÍA PARA JURISTAS 372 (2da ed. 2008).
[76] APARISI, *supra* nota 74, en la pág. 213.
[77] *Id.* (citando a III CICERÓN, DE NATURA DEORUM 35).

derecho.[78] Estos valores, sin embargo, están forzosamente supeditadas a la aspiración principal del Derecho: la justicia. Así, pues, "[e]l derecho injusto constituye una lesión del derecho . . . la injusticia contraría la justicia y la lesión del derecho es lo contrario al derecho".[79] La inconformidad con la injusticia constituye un deber fundamental de todo jurista. La función del juez está inevitablemente ligada a la distinción entre lo justo y lo injusto en una sociedad.[80] En el ejercicio de nuestro rol como garantes de la justicia, nos corresponde hacer esa distinción constantemente y expresar en todo dictamen nuestra visión particular de lo que es justo.

El disenso como expresión del diálogo posibilita un intercambio que, a fin de cuentas, legitima el proceso deliberativo y da cuenta de su transparencia. A nivel personal, el disenso es muestra fehaciente de la integridad de un adjudicador que explícitamente se niega a aceptar el criterio de la mayoría y se ve obligado a fundamentar esa renuencia.[81] La aceptación de opiniones disidentes garantiza que los tribunales colegiados estén compuestos por jueces que representen la diversidad que ha de caracterizar cualquier sociedad democrática.[82]

El Juez Brennan, al abordar el rol del disenso como una obligación inherente a la función judicial subrayó que los jueces tienen deber de expresarse cuando están convencidos de que el derecho requiere una conclusión distinta a la

---

[78] Véase Stack, *supra* nota 69.
[79] JAVIER HERVADA, LECCIONES PROPEDÉUTICAS DE FILOSOFÍA DEL DERECHO, 370 citado en APARISI, *supra* nota 74, en la pág. 364.
[80] APARISI, *supra* nota 74, en la pág. 367.
[81] En palabras de Anthony Mason, "You cannot impose a regime of joint judgments on judges who hold conflicting views. Judicial integrity canons be compromised.". Anthony Mason, *The Centenary of the High Court of Australia* 5 CONST. LAW AND POL. REV. 41, 43 (2003).
[82] *Véase* William O. Douglas, *The Dissent: A Safeguard of Democracy*, 32 J. OF AM. JUD. SOC. 104, 105 (1948).

propuesta por la mayoría.[83] El Juez advierte que el proceso adjudicativo requiere necesariamente que un juez esboce los fundamentos para cualquier determinación judicial. De la misma manera, el juez que disiente tiene una obligación —y no meramente una responsabilidad— de justificar las razones que fundamentan su disconformidad con la opinión mayoritaria. Nos dice el Juez Brennan que:

> I elevate this responsibility to an obligation because in our legal system judges have no power to declare law. That is to say, a court may not simply announce, without more, that it has adopted a rule to which all must adhere. That, of course, is the province of the legislature. Courts derive legal principles, and have a duty to explain why and how a given rule has come to be. This requirement serves a function within the judicial process similar to that served by the electoral process with regard to the political branches of government. It restrains judges and keeps them accountable to the law and to the principles that are the source of judicial authority. The integrity of the process through which a rule is forged and fashioned is as important as the result itself; if it were not, the legitimacy of the rule would be doubtful. Dissents contribute to the integrity of the process, not only by directing attention to perceived difficulties with the majority's opinion, but, to turn one more time to metaphor, also by contributing to the marketplace of competing ideas.[84]

Comparto la visión del Juez Brennan respecto a cómo disentir constituye una obligación consustancial a la integridad de los procesos deliberativos y la independencia judicial. Quizá esto explica por qué, a lo largo de mi carrera como Jueza Asociada del Tribunal Supremo publiqué 153

---

[83] Brennan, *supra* nota 38, en la pág. 437 ("Rather, the obligation that all of us, as American citizens have, and that judges, as adjudicators, particularly feel, is to speak up when we are convinced that the fundamental law of our Constitution requires a given result.").
[84] *Id.* en la pág. 435.

opiniones, votos y expresiones disidentes. Muchas veces no fue fácil escribir desde el disenso, máxime cuando se disiente en solitario. No obstante, sería éticamente inaceptable y moralmente reprochable, como cuestión de conciencia, permanecer silente ante la injusticia y el desvarío.

Si se criticó vehementemente, es porque amo a mi País, porque creo posible uno mejor en el que siempre prime la dignidad y la justicia para todos. Cierro, con una referencia a una extraordinaria mujer puertorriqueña, doña Nilita Vientós Gastón, quien indicó que las críticas de los "inconformes y los disidentes ... son unas de las formas de expresión del amor".[85] Tenía razón.

---

[85] Hiram López Rodríguez, *La disidencia como imperativo en el quehacer judicial de la Juez Anabelle Rodríguez Rodríguez*, 90 REV. JUR. UPR 347 (2021).

"DISIDENCIA CON TODO LO QUE OFENDA LA DIGNIDAD HUMANA": CONTESTACIÓN AL DISCURSO DE INSTALACIÓN DE LA ACADÉMICA DE NÚMERO: HON. ANABELLE RODRÍGUEZ RODRÍGUEZ

HON. GUSTAVO A. GELPÍ[*]

Señor Presidente, Académicos y Académicas presentes, Académica de Número, Hon. Anabelle Rodríguez Rodríguez, Amigos y Amigas:

En un acto solitario y como asunto de conciencia, no disiento en nada, sino que concurro a cabalidad con el discurso, *El valor de la disidencia*, pronunciado por nuestra nueva académica de número, la juez asociada Hon. Anabelle Rodríguez Rodríguez.

La disidencia, el tema objeto para su tesis y por el cual se distinguió a través de sus dieciséis años como juez asociada de nuestro Tribunal Supremo, es uno que —con demasiada frecuencia— los juristas tomamos por sentado. Hoy día, cuando leemos cualquier decisión emitida por el máximo foro federal, los tribunales supremos estatales o de Puerto Rico, nos resulta extraño, y hasta curioso, la ausencia de una opinión o expresión disidente. Es decir, cada vez más, los disensos judiciales son la norma y no la excepción. Como explica la juez, este fenómeno tiene su origen en la creación propia del constitucionalismo estadounidense y la tensión inherente que supuso, y supone, la separación de poderes en Estados Unidos. Asimismo, desde el siglo pasado, el esquema constitucional norteamericano, anclado en la tradición del *common law* anglosajón, ha influido la experiencia y función adjudicativa de los sistemas civilistas europeos-continentales; y añado que igual de los latinoamericanos.

---

[*] Juez Asociado del Tribunal de Apelaciones para el Primer Circuito y Académico de Número de esta Academia.

La juez Rodríguez traza en su discurso el desarrollo histórico y pragmático de la disidencia en el quehacer judicial en ambas tradiciones. Considero que este recuento magistral nos ubica en tiempo y espacio para comprender con mayor sagacidad la trascendencia de varias opiniones disidentes que han marcado la historia jurídica en Estados Unidos y Puerto Rico.

Como concurro y no disiento de su discurso, mi reflexión estará enfocada en añadir fundamentos adicionales que apoyen su postura en torno al valor de la disidencia, en particular desde su perspectiva o acercamiento institucional. Es decir, según define la juez Rodríguez, el disenso como "una demostración de las complejidades inherentes a la función judicial que fundamentalmente requiere una deliberación simultánea y participativa [y] cuyo fin último es encontrar [la] solución a una controversia particular".[1]

Esta concurrencia tiene un objetivo dual. En primer lugar, intereso comentar ciertas opiniones disidentes en relación con las "funciones fundamentales" (la función estimulante, la comunicativa, la transformativa y la dialéctica) concebidas por la profesora Katalin Kelemen e ilustradas por nuestra nueva académica de número.[2] Luego, y más importante aún, estimo imprescindible discutir ciertos disensos emblemáticos de la propia juez. Veamos.

De entrada, coincido con su apreciación de que existen decisiones judiciales cuyo alcance constitucional requieren un dictamen de consenso, unánime. Retomo los dos ejemplos que describe en su discurso. En 1954, el Tribunal Supremo de Estados Unidos resolvió en *Brown v. Board of*

---

[1] Hon. Anabelle Rodríguez Rodríguez, El valor de la disidencia, 1 (2021).
[2] *Id.* en la pág. 15 (citando a KATALIN KELEMEN, JUDICIAL DISSENT IN EUROPEAN CONSTITUTIONAL COURTS: A COMPARATIVE AND LEGAL PERSPECTIVE 158 (2019)).

Education que la Constitución federal prohibía la segregación racial en las escuelas públicas de los estados de la Unión.[3] La unanimidad en este caso de avanzada sirvió para posicionar al máximo foro judicial federal al centro de la lucha por los derechos civiles de las personas afroamericanas e impedir, para efectos prácticos, una segunda guerra civil. En tiempos más recientes, nuestro propio Tribunal Supremo resolvió en *Senado v. Gobierno de Puerto Rico*,[4] a cuál funcionario gubernamental le correspondería asumir el mandato de la gobernación bajo la Constitución del Estado Libre Asociado, tras la renuncia del entonces Gobernador y sin existir un Secretario de Estado confirmado al cargo. La conformidad de todos los jueces y juezas en dicho caso restituyó el "orden constitucional", según reseñado por la prensa local. Estimo que el propósito de ambas opiniones fue interpretar el derecho aplicable de forma precisa y certera para disipar cualquier duda de que la ausencia de consenso tuviera el efecto de debilitar la legitimidad tanto de estos foros, como del estado de Derecho en sí.

A pesar del valor de la unanimidad, en todo cuerpo judicial colegiado, la disidencia es saludable y necesaria para los ejercicios deliberativos internos y para la posterior discusión pública en democracia. La pluralidad de criterios, sobre todo en aquellas controversias difíciles, noveles o de primera impresión, provee los cimientos para cambios futuros en el ordenamiento jurídico que alteren el "orden de las cosas". El Derecho Público, en particular el Derecho Constitucional, no es estático, sino que evoluciona y reacciona en paralelo con las transformaciones y avances sociales. Al decir del sociólogo Pierre Bordieu y el poder de nominación, "el derecho hace el mundo social, pero con la condición de no

---

[3] *Brown v. Bd. of Ed. of Topeka, Shawnee County, Kan.*, 347 U.S. 483 (1954).
[4] *Senado de Puerto Rico v. Gobierno de Puerto Rico*, 203 DPR 62 (2019).

olvidar que él es hecho por ese mundo".[5] En otras palabras, el derecho no es más que un reflejo directo de las fuerzas o poderes existentes que lo crean. Por tanto, al igual que en el mundo social, al interior del campo jurídico existe una diversidad de pensamientos que habilita y condiciona la sociedad por medio de su "poder simbólico". Un ejemplo clásico de este dinamismo de perspectivas, lo encontramos en la opinión disidente del juez asociado John Marshall Harlan en *Plessy v. Ferguson* emitida en 1896 y la cual sirvió como anclaje para la opinión del juez presidente Earl Warren en *Brown v. Board of Education*. En *Plessy*, Harlan se negaba a invocar ciertas decisiones estatales nefastas porque eran contrarias al espíritu de las Enmiendas Decimotercera, Decimocuarta y Decimoquinta recién aprobadas. El Juez Asociado resaltó que la intención de estas enmiendas había sido, "[to] obliterate the race line from our systems of governments, national and state, and place our free institutions upon the broad and sure foundation of the equality of all men before the law".[6] Eso conllevaba un cambio radical en una coyuntura histórica de la joven nación americana.

Décadas más tarde, fue precisamente al amparo de la cláusula de Debido Proceso de Ley en la Enmienda Decimocuarta que la Corte Warren fundamentó su decisión en *Brown*. Aquí vemos ese diálogo constante con el pasado, característico e integral del sistema jurídico estadounidense, que sirve de estímulo intergeneracional y reconoce el poder que ejerce el Derecho en sociedad. Dada la imbricación que existe entre las doctrinas de revisión judicial y el *stare decisis* en esta tradición, los disensos ante controversias constitucionales cobran una relevancia mayor porque corresponde a nuestros máximos foros judiciales servir como últimos

---

[5] PIERRE BORDIEU, La Fuerza del Derecho en PODER, DERECHO Y CLASES SOCIALES 202 (2001).
[6] *Plessy v. Ferguson*, 163 U.S. 537, 563 (1896) (Harlan, opinión disidente), revocado por *Brown v. Bd. of Ed. of Topeka, Shawnee County, Kan.*, 347 U.S. 483 (1954).

intérpretes de nuestras cartas magnas. Por ende, sólo estos foros colegiados pueden en el futuro modificar o corregir una decisión que hayan emitido.

De otro lado, la disidencia multijurisdiccional ha jugado un rol protagónico en el desarrollo moderno del Derecho constitucional estadounidense. Por multijurisdiccional, me refiero a aquellas instancias en que tanto los tribunales supremos estatales, como los circuitos de apelación federal han sido partícipes, a la par, en potenciar un estado de derecho novel y acorde a las corrientes progresistas sociales. Esto lo observamos en las decisiones que versan sobre la legalización del matrimonio igualitario que culminó en la decisión trascendental del Tribunal Supremo de Estados Unidos en *Obergefell v. Hodges*.[7] El matrimonio entre parejas del mismo sexo no existió como un derecho fundamental a nivel de la nación estadounidense hasta el verano de 2015.

En los años que precedieron este hito, un número significativo de los tribunales supremos estatales, incluyendo los estados de Massachusetts, California, Connecticut y Iowa, por ejemplo,[8] y de los Circuitos Federales de Apelación, como el Cuarto, Séptimo, Noveno y Décimo,[9] habían validado estas uniones matrimoniales. No obstante, el Sexto Circuito de Apelación y otros tribunales supremos estatales como en Alabama, Carolina del Sur o el propio Nueva York antes de reconocer los matrimonios vía legislación se habían negado a validar dichas uniones anclándose en la doctrina de separación de poderes; incluso llegaron a emitir *injunctions*

---

[7] *Obergefell v. Hodges*, 576 U.S. 644 (2015).
[8] Véase *Varnum v. Brien*, 763 N.W.2d 862, 876 (Iowa 2009); *In re Marriage Cases*, 183 P.3d 384 (Cal. 2008); *Kerrigan v. Commr. of Pub. Health*, 957 A.2d 407 (Conn. 2008); *Goodridge v. Dept. of Pub. Health*, 798 N.E.2d 941 (Mass. 2003).
[9] Véase *Kitchen v. Herbert*, 755 F.3d 1193 (10th Cir. 2014); *Bostic v. Schaefer*, 760 F.3d 352 (4th Cir. 2014); *Baskin v. Bogan*, 766 F.3d 648 (7th Cir.2014); *Latta v. Otter*, 771 F.3d 456 (9th Cir. 2014).

prohibiendo la otorgación de licencias matrimoniales.[10] En varias de estas decisiones, jueces y juezas en un frente unido emitieron opiniones disidentes en las que esgrimían fundamentos razonables y acertados en Derecho por los cuales entendían que el matrimonio igualitario gozaba de protección bajo la Constitucional federal y/o sus respectivas constituciones estatales. En estas instancias, el diálogo entre disidentes servía como un vehículo comunicativo y transformativo para atajar complejidades inherentes, pero en búsqueda de la solución correcta. Conviene señalar dos ejemplos. En Nueva York, en el caso *Hernández v. Robles* del 2006, la entonces juez presidenta Judith Kaye disintió fuertemente del criterio mayoritario que encontró una "base racional" para prohibir los matrimonios entre personas del mismo sexo. A tales efectos, expresó que:

It is uniquely the function of the Judicial Branch to safeguard individual liberties guaranteed by the New York State Constitution, and to order redress for their violation. The Court's duty to protect constitutional rights is an imperative of the separation of powers, not its enemy.[11]

Asimismo, en *DeBoer v. Snyder* decidido por el Sexto Circuito, y luego revocada por *Obergefell*, la jueza Martha Craig Daughtrey emitió una fuerte opinión disidente en la que criticó a sus colegas por negarse a resolver la controversia ante el panel, cuando ya cuatro circuitos federales de apelación habían realizado lo propio. Concluyó su disenso destacando que:

If we in the judiciary do not have the authority, and indeed the responsibility, to right fundamental wrongs left excused by a majority of the electorate, our whole intricate,

---

[10] Véase *Ex parte State ex rel. Alabama Policy Inst.*, 200 So. 3d 495 (Ala. 2015); *State ex rel. Wilson v. Condon*, 764 S.E.2d 247 (S.C. 2014); *Hernández v. Robles*, 855 N.E.2d 1 (N.Y. 2006).
[11] *Hernández*, 855 N.E.2d en la pág. 34 (Kaye, opinión disidente).

constitutional system of checks and balances, as well as the oaths to which we swore, prove to be nothing but shams.[12]

Esta crítica no llegó a oídos sordos, el Tribunal Supremo de Estados Unidos escuchó el reclamo, actuó en *Obergefell* y transformó para siempre tanto el estado de Derecho, como las vidas de miles de personas miembros de la comunidad LGBTTQI+. Posterior a la decisión, varios tribunales estatales y circuitos federales de apelación tuvieron que acatar el mandato supremo.

En controversias al margen de los derechos constitucionales, los disensos han sido igualmente significativos y han impactado el estado de Derecho en la jurisdicción federal. Como señaló la juez Rodríguez, luego de la decisión del Tribunal Supremo federal en *Ledbetter v. Goodyear Tire & Rubber Co.*,[13] el Congreso de Estados Unidos enmendó el Equal Pay Act armonizando el estatuto con los criterios esbozados por la jueza asociada Ruth Bader Ginsburg en la disidente que emitió en dicho caso.

El efecto político-comunicativo de la disidente de la jueza Ginsburg en *Ledbetter*, me remontó a otra disidencia emitida por la jueza del Tribunal de Apelaciones para el Primer Circuito, Sandra Lynch, que también culminó en una actuación congresional. A principios de la década de los noventa, el Congreso "federalizó" el delito de *carjacking*. Lamentablemente, por razón de la alta incidencia de este delito en Puerto Rico para aquella época —y todavía en la actualidad— el procesamiento de personas acusadas por *carjacking* comenzó a ventilarse en el foro federal tras un acuerdo entre

---

[12] *DeBoer v. Snyder*, 772 F.3d 388, 436-37 (6th Cir. 2014) (Craig Daughtrey, opinión disidente), revocado por *Obergefell v. Hodges*, 576 U.S. 644 (2015).
[13] *Ledbetter v. Goodyear Tire & Rubber Co., Inc.*, 550 U.S. 618 (2007).

el Departamento de Justicia de Puerto Rico y la Fiscalía Federal.

En el caso *United States v. Vázquez-Rivera*, el acusado fue hallado culpable por un jurado de cometer el delito de *carjacking*. La pena aplicable para un *carjacking* era, y sigue siendo, de quince años. Esta pena puede ser aumentada a veinticinco años, si el Gobierno logra probar que hubo un "*serious bodily injury*" o grave daño corporal. En este caso, el acusado había agredido sexualmente a la víctima, razón por la cual el estimado y muy recordado juez federal Juan Pérez-Giménez impuso la pena máxima. En apelación, el Primer Circuito revocó la determinación y concluyó que la definición estatutaria de un grave daño corporal no se podía expandir para incluir una agresión sexual ocurrida durante un *carjacking*.[14] Mediante una decisión *en banc*, dicho foro apelativo federal declinó revisar la decisión del panel, pero la jueza Lynch disintió.[15]

En una minuciosa opinión disidente, la jueza explicó por qué procedía penalizar al acusado bajo la modalidad agravada. En específico expresó que: "I have difficulty believing that Congress would not have wanted categorically to include forcible, violent rape within the meaning of 'serious bodily injury' warranting a sentence enhancement for persons convicted under the carjacking statute".[16] El Congreso reaccionó a dicha disidente comunicativa-directa y en tiempo récord —menos de dos meses— enmendó el estatuto federal de *carjacking* para corregir la interpretación que hiciese el Primer Circuito. Así, reconoció que un acto de

---

[14] *U.S. v. Rivera*, 83 F.3d 542 (1st Cir. 1996).
[15] *U.S. v. Rivera*, Civil No. 95-2186, 1996 WL 338379 (1st Cir. 1996).
[16] *Id.* en la pág. 6 (Lynch, opinión disidente).

agresión sexual podía considerarse como un agravante al momento de dictar sentencia para este delito.[17]

En la historia jurídica de Puerto Rico, dada su relación política-constitucional particular con los Estados Unidos, desde 1900 las disidencias en torno al estatus han sido constantes y extensas en decisiones de nuestro Tribunal Supremo, el Primer Circuito y Tribunal Supremo federal. El intercambio entre estos disensos y sus efectos trascienden la mera comunicación, estímulo o transformación y más bien entran en el campo del discurso dialéctico, que al resaltar contradicciones evidentes han generado "voces discordantes" pero necesarias. Por ejemplo, el juez asociado Harlan quien disintió en *Plessy*, en 1901, cinco años más tarde, volvería a hacer lo propio en *Downes v. Bidwell*.[18] En una opinión vigorosa, enunció el primero de innumerables ataques judiciales en contra de la doctrina de incorporación creada por los llamados "Casos Insulares". En la misma, cuestionó que el Congreso se haya arrojado una facultad *ultra vires*, no contenida en la Constitución, para gobernar a sus territorios solo aplicándola de manera *ad hoc*.

Un siglo y una década más tarde, nuestro estimado y muy recordado académico numerario, el juez Juan Torruella, a quien extrañamos, se pronunció con similar ahínco en el tercer caso de *Igartúa de la Rosa v. United States*.[19] En su disidente, arremetió contra el rol que los tribunales federales han jugado en validar los desacreditados "Casos Insulares". Mas aún, acusó a Estados Unidos de fomentar un estigma de inferioridad hacia un grupo de sus conciudadanos

---

[17] *U.S. v. Vázquez-Rivera*, 135 F.3d 172, 174-75 (1st Cir. 1998) ("Carjacking Correction Act of 1996, which became effective on October 1, 1996, the intended purpose of which was to rectify this court's interpretation of the term 'serious bodily injury' as defined in Section 1365 of Title 18") (citas omitidas)).

[18] *Downes v. Bidwell*, 182 U.S. 244, 390 (1901).

[19] *Igartúa-De La Rosa v. U.S.*, 417 F.3d 145 (1st Cir. 2005).

estadounidenses. Conviene honrar su memoria, citando sus palabras proféticas que hacen eco al caso de *Brown*:

There comes a point when the courts must intervene to correct a great wrong, particularly one of their own creation, because the political branches of government cannot or will not act. This case is such a crossroads in history. This court cannot further "avert its gaze," without becoming an accomplice to this monumental injustice to Puerto Rico's nationally disenfranchised United States citizens.[20]

De igual forma, la decisión del Tribunal Supremo federal en el caso *Puerto Rico v. Sánchez Valle* tuvo su génesis en una serie de decisiones emitidas por nuestro Tribunal Supremo y el Primer Circuito que, a su vez, contaban con opiniones disidentes que abrieron las puertas de la discordia. A nivel de Puerto Rico, en 1988 nuestro máximo foro judicial decidió el caso de *Pueblo v. Castro García*. En esta determinación, la mayoría del Tribunal dispuso que, para los efectos de la cláusula de doble exposición de la Constitución federal, Puerto Rico y Estados Unidos eran ambos entes "soberanos" tras la creación del Estado Libre Asociado.[21] Por ende, nada prohibía que ambos "soberanos" acusasen, procesasen e impusiesen una condena penal.

El juez asociado Francisco Rebollo López, sin embargo, disintió señalando que a pesar de la "soberanía" reconocida a Puerto Rico en 1952, la isla seguía estando sujeta a los poderes plenarios del Congreso de los Estados Unidos.[22] El criterio mayoritario en *Castro García* era, al mismo tiempo, cónsono con la determinación del Primer Circuito en *United States v. López-Andino* de 1987, en la que el Primer Circuito

---

[20] *Id.* en la pág. 183 (Torruella, opinión disidente) (citas omitidas).
[21] *Pueblo v. Castro García*, 120 DPR 740 (1988), revocado por *Pueblo v. Sánchez Valle*, 192 DPR 594 (2015).
[22] *Id.* en las págs. 783-84 (Rebollo López, opinión disidente).

abordó la misma controversia.²³ En *López-Andino*, el juez Torruella emitió una opinión concurrente pero que, para todos los efectos prácticos, debe leerse como una disidente. El juez sostuvo, como razonó luego el Tribunal Supremo federal en *Sánchez Valle*, que el "ultimate source of power" sobre Puerto Rico recaía en manos del Congreso por virtud de la cláusula territorial.²⁴

En 2015, nuestro Tribunal Supremo, con una composición de jueces y juezas completamente distinta, revirtió la decisión de *Castro García*. El máximo foro judicial de Puerto Rico revocó dicho caso en una decisión 8-1.²⁵ Seis de los jueces acogieron la teoría esbozada por el juez Torruella y el juez asociado Rebollo López, convirtiéndola así en la normativa constitucional vigente en Puerto Rico. De otra parte, la jueza presidenta y académica numeraria Liana Fiol Matta y la entonces jueza asociada Maite Oronoz Rodríguez concurrieron con el resultado por fundamentos anclados en la dignidad del ser humano.

La juez Rodríguez emitió un disenso en solitario en la que criticó enérgicamente a la mayoría por una vez más abandonar precedentes firmemente establecidos.²⁶ Luego, expuso una tesis histórico-jurídica abarcadora sobre la autonomía y soberanía constitucional del Estado Libre Asociado de Puerto Rico. Como bien todos sabemos, *Sánchez Valle* navegó vía la ruta de *certiorari* hasta Washington D.C., en donde la sentencia fue confirmada por el Tribunal Supremo federal.²⁷ El juez asociado Stephen Breyer, con la anuencia de la jueza asociada Sonia Sotomayor, sin embargo, emitió

---

²³ *U.S. v. López Andino*, 831 F.2d 1164 (1st Cir. 1987).
²⁴ *Id.* en la pág. 1176 (Torruella, opinión disidente).
²⁵ *Pueblo v. Sánchez Valle*, 192 DPR 594 (2015).
²⁶ *Id.* en la pág. 727 (Rodríguez Rodríguez, opinión disidente).
²⁷ *Puerto Rico v. Sánchez Valle*, 579 U.S. 59 (2016).

una opinión disidente en la que, en esencia, llegó a las mismas conclusiones jurídicas que la juez Rodríguez.[28]

La última decisión de estatus que comentaré está actualmente ante la consideración del Tribunal Supremo federal. Me refiero al caso de *United States v. Vaello-Madero*[29] mediante el cual se está cuestionando si el Congreso puede discriminar en contra de los ciudadanos estadounidense, enfermos y pobres, que residen en los territorios de Estados Unidos, particularmente en Puerto Rico, y que se les ha denegado ayudas de bienestar, bajo el programa del seguro social suplementario. La opinión del Primer Circuito respondiendo a dicha interrogante en la negativa y escrita por el juez Torruella fue unánime; es decir no contó con disensos. Así pues, resolvió que dicho trato discriminatorio violaba la Igual Protección de las Leyes bajo la Constitución federal.[30] No obstante, quedan interrogantes inconclusas.

En 1980, en la decisión de *Harris v. Rosario*, el juez asociado Thurgood Marshall emitió una opinión disidente potente bajo una situación de hechos análoga a *Vaello-Madero*, pero considerando otro programa de bienestar social que tampoco aplicaba a Puerto Rico.[31] En su disenso, el juez Marshall señaló que en 1978 en la decisión de *Califano v. Gautier Torres*,[32] el Tribunal Supremo federal había dejado sin resolver la pregunta exacta que hoy se está considerando en *Vaello-Madero*.[33] Más importante aún, el Juez Asociado denunció y puso en tela de juicio que existiese una "base racional" para denegar a los ciudadanos estadounidenses más

---

[28] *Id.* en la pág. 1877 (Breyer, opinión disidente).
[29] *United States v. Vaello-Madero*, 956 F.3d 12 (1st Cir. 2020); *United States v. Vaello-Madero*, 356 F. Supp. 3d 208 (DPR 2019).
[30] *Vaello-Madero*, 956 F.3d en la pág. 32.
[31] *Harris v. Rosario*, 446 U.S. 651, 652 (1980) (Marshall, opinión disidente).
[32] *Califano v. Gautier Torres*, 435 U.S. 1 (1978).
[33] *Harris*, 446 U.S. en las págs. 654-56.

necesitados dichas ayudas federales. Asimismo, hizo hincapié en que la alegada "base racional" debería atenderse luego de la radicación de alegatos completos y con el beneficio de una vista de argumentación oral. Esto no sucedió en *Harris* ni *Califano*, pero sucederá, por fin, en *Vaello-Madero*.[34]

Sin las disidentes antes discutidas, la agenda inconclusa de la situación política-jurídica de Puerto Rico con Estados Unidos pudiese haber pasado desapercibida o hasta olvidada en el imaginario del resto de la nación estadounidense. Estas voces que incomodan, discordantes y que participan del mercado de las ideas judiciales, claro, dentro de los parámetros de la independencia judicial y los de cánones ética que rigen, han sido indispensables para atender ciertas complejidades inherentes de esta controversia por medio de una deliberación simultánea y participativa. Han permitido, por medio del campo jurídico, una participación democrática en relación con aquellos asuntos sociales que afectan a los puertorriqueños y ciudadanos de Estados Unidos que residen en la Isla.

Ahora, procederé a un ejercicio que no ha sido tarea fácil. En sus casi dos décadas como Juez Asociada del Tribunal Supremo de Puerto Rico, Anabelle Rodríguez Rodríguez emitió sobre ciento cincuenta opiniones y votos disidentes. Me he dado a la tarea de preparar una lista resumida de aquellas que, en mi opinión, ejemplifican su visión sobre el valor de la disidencia. Este comentario lo hago, con el *caveat*, de que ella misma o cualquiera de ustedes podría compaginar una lista distinta, pues hay mucha tela de donde cortar.

Empiezo con unos de sus primeros disensos para el 2007 en el caso de *Salvá Santiago v. Torres Padró*.[35] En este caso, el Tribunal Supremo se negó a reconocer que la decisión insigne de *Figueroa Ferrer v. ELA* contemplaba la causal de

---

[34] *Id*. en la pág. 655.
[35] *Salvá Santiago v. Torres Padró*, 171 DPR 332 (2007).

divorcio por ruptura irreparable y, por tanto, no le correspondía a los tribunales "crearla" por jurisprudencia. En su disidente, la juez Rodríguez explicó que el derecho a la intimidad no es uno "cerrado y estático", sino que debe verse como el origen de la diversidad humana.[36] Así, expreso que la ausencia de esta causal de divorcio era inconstitucional por violar el derecho a la intimidad y que "a la usanza de *Dred Scott* y *Korematsu*, [la Mayoría] escrib[ía] una de sus más tristes páginas" y les recordó "que los derechos no son graciosas concesiones sino conquistas de libertad".[37] Cuatro años más tarde, el mensaje llegó al Capitolio y se adoptó la causal de divorcio por ruptura irreparable.

Resalto su disenso en solitario en el caso *U.P.R. v. Laborde Torres* del 2010, en el cual nuestro Tribunal Supremo resolvió que los estudiantes de la Universidad de Puerto Rico no tienen un derecho constitucional a la huelga, mientras que reconoció una limitada libertad de expresión en el campus universitario.[38] La juez Rodríguez disintió y propuso que el campus universitario fuese catalogado como un "foro público tradicional", sujeto a un escrutinio judicial más riguroso.[39] Más importante aún, hizo una defensa férrea de su alma máter y sobre la importancia de proteger al primer centro docente de Puerto Rico, el cual catalogó como uno que debe servir para la imaginación de lo posible, haciendo referencia a un escrito del profesor y académico numerario Efrén Rivera Ramos.[40]

Menciono además la disidente antes aludida de *Pueblo v. Sánchez Valle* y la concurrencia-disidencia que suscribió

---

[36] *Id.* en la pág. 381 (Rodríguez Rodríguez, opinión disidente).
[37] *Id.* en la pág. 391.
[38] *U.P.R. v. Laborde Torres*, 180 DPR 253 (2010).
[39] *Id.* en las págs. 330-31 (Rodríguez Rodríguez, opinión disidente).
[40] *Id.* en la pág. 325 (citando a Efrén Rivera Ramos, *La Universidad y lo posible*, 78 REV. JUR. UPR 643 (2009)).

en *ELA v. Northwestern Selecta*.⁴¹ En el disenso extenso de *Sánchez Valle*, la Juez fue enfática en su crítica de que la opinión mayoritaria llevó a cabo un "revisionismo histórico desconcertante", que "desmerece el análisis jurídico sosegado" y que sus colegas claudicaron "ante [la] función de interpretar —no rehacer a su antojo— las pautas jurídicas pertinentes".⁴² Aunque puedo diferir de estas denuncias, respeto la entereza y honestidad intelectual con la cual pronuncia estas palabras.

De igual forma, en *Northwestern Selecta*, donde se resolvió que la cláusula de comercio interestatal de la Constitución federal en su estado durmiente aplica *ex propio vigore* a Puerto Rico, la juez Rodríguez empleó de forma sagaz una aseveración de lógica para explicar por qué resultaba innecesario resolver ese asunto preciso del caso.⁴³ Nuevamente, bien puedo no coincidir con su análisis, pero reconozco la singularidad de probar que el razonamiento mayoritario constituyó una falacia de equivocación. Ambas opiniones disidentes, y las múltiples otras que suscribió en materia de Derecho Electoral y/o del funcionamiento interno de propio Tribunal Supremo, demuestran como la Juez siempre obró según la "ciencia y conciencia" e hizo de sus disensos la mejor herramienta para defender la institucionalidad, legitimidad y autoridad del Poder Judicial en Puerto Rico.

Asimismo, su extraordinaria disidente en el caso de *A.A.R., Ex parte* contiene una reflexión importantísima sobre las distintas metodologías y filosofías de adjudicación constitucional y su relevancia para el análisis de dichos derechos en Puerto Rico.⁴⁴ Como sabemos, por medio de esta

---

⁴¹ *ELA v. Northwestern Selecta*, 185 DPR 40 (2012).
⁴² *Pueblo v. Sánchez Valle*, 192 DPR 594, 760 (2015) (Rodríguez Rodríguez, opinión disidente).
⁴³ *Northwestern Selecta*, 185 DPR en la pág. 105-06 (Rodríguez Rodríguez, opinión disidente).
⁴⁴ *A.R.R., Ex parte*, 187 DPR 835, 1001 (2013).

decisión, el Tribunal Supremo se negó a validar la adopción de una menor por la pareja femenina de su madre biológica; es decir, por su otra madre *de facto*.

Para apoyar su postura de que procedía la adopción por parte de parejas del mismo sexo, la Juez discutió cómo la Constitución de Puerto Rico, contraria a la Constitución federal, hace un llamado textual hacia una interpretación originalista expansiva y de "factura más ancha". Explícitamente explicó que, "[n]uestras cláusulas constitucionales no son prisioneras del tiempo. Por el contrario, tiene que procurarse, para preservar el documento, que éstas respondan a las necesidades de los tiempos".[45] En los méritos, como bien señaló nuestra nueva académica numeraria, el tiempo le dio la razón y estuvo en "el lado correcto de la historia".[46] Su metodología judicial precisa, además, ejemplifica también su dominio cabal de la historia constitucional de Puerto Rico.

En temas de Derecho privado, hay dos disensos que deseo comentar. En una de sus últimas opiniones disidentes emitida para la sentencia de *Consejos de Titulares del Condominio Condesa del Mar v. Chamah Martínez* en 2019,[47] la Juez criticó que la mayoría del Tribunal decidió no resolver una controversia bajo la doctrina de academicidad, incluso luego de celebrar una vista oral.

Este caso giraba en torno a la expansión, a pasos agigantados, de los alquileres a corto plazo bajo plataformas como HomeAway y Airbnb en nuestra jurisdicción y de la ausencia de legislación-reglamentación que regule dichos modelos de empresarismo comercial. La Juez, sin titubear y

---

[45] *Id.* en la pág. 1037.
[46] Rodríguez Rodríguez, *supra* nota 1, en la pág. 33 (citando a *A.R.R., Ex parte*, 187 DPR en la pág. 1071 (2013) (Rodríguez Rodríguez, opinión disidente)).
[47] *Consejo de Titulares del Condominio Condesa del Mar v. Chamah Martínez*, 202 DPR 173 (2019).

con fundamentos sólidos, se ubicó del lado de la prohibición de estos alquileres cuando se trate de condominios de uso exclusivamente residencial porque afectan la tranquilidad seguridad y sana convivencia de los demás titulares.[48]

Esta problemática ha sido recurrente en tiempos recientes, sobre todo en momentos en que la pandemia del Covid-19 nos ha mantenido encerrados por razón de los *lockdowns*. Es innegable que estas plataformas han cambiado, para bien o mal, cómo concebimos el hogar y el derecho propietario. En su opinión, se trazó una de las rutas para transformar el estado de Derecho vigente en este tema y, como hemos comentado, este es precisamente uno de los grandes valores de las disidencias. Sólo el tiempo nos dirá si la Juez estará nuevamente del lado correcto de la historia.

La próxima disidente que comentaré surgió como parte de una certificación interjurisdiccional que hiciese este servidor al Tribunal Supremo de Puerto Rico en el caso *Watchtower Bible v. Municipio de Dorado I* del 2014.[49] Sin entrar al debate sobre si las calles en Puerto Rico son públicas o privadas, estimo muy importante la crítica que hizo en torno a que la pregunta enviada adolecía de "vaguedad" y que no cumpliera con el requisito de que la misma fuese de tal naturaleza que determinara el resultado final del pleito.[50] La juez Rodríguez, de hecho, explicó que la opinión mayoritaria —en realidad— constituía una opinión consultiva. Quizás, a siete años de la certificación, corresponde reconocer que el pecado original de su denuncia recaiga sobre mi persona. No obstante, su disenso, tanto en este aspecto procesal, como en lo sustantivo, fueron cruciales a la hora de disponer de la controversia constitucional pendiente ante el foro federal.

---

[48] *Id.* en las págs. 181-82 (Rodríguez Rodríguez, opinión disidente).
[49] *Watchtower Bible v. Mun. Dorado I*, 192 DPR 73 (2014).
[50] *Id.* en la pág. 98 (Rodríguez Rodríguez, opinión disidente).

Sin lugar a duda, su disenso comunicativo tuvo un oyente receptivo.

Culmino mi reflexión comentando una opinión disidente que la propia Juez discute en su discurso. Hablo de la decisión de *Pueblo v. Pérez Feliciano* en la que el Tribunal Supremo se enfrentó a una controversia sobre la Ley 54 y la violencia de género en el contexto de una relación afectiva.[51] Al margen de la controversia sustantiva y su posición de que la Ley 54 no tutela la unidad familiar sino la integridad física y psicológica de la persona víctima, la Juez reflexionó en ella sobre el valor de la disidencia. Estoy seguro de que esta opinión disidente inspiró el discurso que hoy pronuncia como nueva académica numeraria. Me veo en la obligación de citar parte de su conclusión tan pertinente sobre este tema:

Disentir es una obligación ínsita a nuestra función de procurar justicia para todos. [. . .] Acallar a la disidencia restándole importancia o valor a sus argumentos o, incluso, sugiriendo que estos se esbozan para adelantar posturas personales es una forma de violencia simbólica que no podemos validar. La democracia no es meramente una palabra para ser invocada a conveniencia; la democracia es un compromiso y una promesa que nos exige pronunciarnos en pos de la justicia y la equidad.[52]

A través de su admirable trayectoria judicial, la juez Rodríguez dejó plasmado en sus opiniones disidentes, parafraseando al juez presidente Charles Evans Hughes, el llamado a la inteligencia del futuro para que se corrijan los errores del ahora pasado. Por medio de sus disensos, la Juez logró este acometido mientras que cumplió íntegramente con su deber del Canon I de Ética Judicial, el cual exige que "velemos por que nuestras actuaciones responden a normas de conducta que honren la integridad e independencia jurídica y que

---

[51] *Pueblo v. Pérez Feliciano*, 183 DPR 1003 (2011).
[52] *Id.* en la pág. 1049-1050 (Rodríguez Rodríguez, opinión disidente).

estimulen el respeto y la confianza en la Judicatura".[53] La juez Rodríguez ha sido vivo ejemplo de este postulado.

Cierro mi contestación con una cita de quien fuese la primera mujer en laborar en el Departamento de Justicia, la abogada y escritora, Nilita Vientós Gastón. Ciertamente, la licenciada Vientós Gastón abrió la puerta, de par en par, para que mujeres profesionales del calibre de Anabelle Rodríguez Rodríguez pudiesen servir como Procuradora General, segunda mujer en ocupar dicho cargo en propiedad, primera Secretaria de Justicia de Puerto Rico en propiedad y luego se desempeñara como la tercera mujer Juez Asociada de nuestro Tribunal Supremo. Decía Vientós Gastón que:

[M]i vida se ha regido por tres principios de tal calidad que los califico de virtudes: inconformidad con todo lo que debe mejorarse. Disidencia con todo lo que ofenda la dignidad humana y deba cambiarse. Entusiasmo sin límites para luchar por los inconformes y los disidentes.[54]

Estas tres virtudes de vida, sobre todo el disentir con todo aquello que ofenda la dignidad humana y urja cambiarse, describen a la perfección la carrera profesional, judicial y como educadora de la Hon. Anabelle Rodríguez Rodríguez.

¡Enhorabuena y bienvenida a la Academia!

---

[53] Rodríguez Rodríguez, *supra* nota 1, en las págs. 34-35.
[54] Nilita Vientós Gastón, Conferencia Magistral, Anfiteatro #5 Facultad de Estudios Generales de la Universidad. De Puerto Rico Recinto de Río Piedras (7 de noviembre de 2018), https://generales.uprrp.edu/programa-mujer-genero/conferencia-magistral-nilita-vientos-gaston/ (última visita 8 de abril de 2021).

¿Otra Revolución Inconclusa? Una Mirada a la Integración de las Obligaciones Civiles y Mercantiles en el Código Civil del 2020

Félix R. Figueroa Cabán*

Introducción

En el verano de 2020, la Lcda. María de los Ángeles Garay del Castillo, directora del Programa de Educación Jurídica Continua del Fideicomiso para la Escuela de Derecho de la Universidad de Puerto Rico, me invitó a ofrecer un curso de educación jurídica continua sobre el Título II —Los Contratos en Particular— (en adelante, "Título II") del Código Civil de 2020. Acepté la encomienda porque, como operador del derecho, y como Juez del Tribunal de Apelaciones, me pareció una excelente oportunidad de acercarme, con algún rigor, a la magna ley de nuestro ordenamiento civil. Era, a mi entender, lo más conveniente ya que las controversias sobre el tema, tarde o temprano, comenzarían a llegar.

Luego de ofrecer tres seminarios sobre el tema, las reflexiones iniciales sobre ese primer acercamiento se plasmaron en una publicación auspiciada por el Fideicomiso para la Escuela de Derecho de la Universidad de Puerto Rico, intitulada *El Código Civil de Puerto Rico de 2020: Primeras Impresiones.*[1] Además, tan reciente como el

---

* Juez del Tribunal de Apelaciones de Puerto Rico; Profesor Adjunto de la Escuela de Derecho de la Universidad de Puerto Rico; Juris Doctor, Universidad de Puerto Rico (1988); Maestría en Artes (Filosofía), Universidad de Puerto Rico (1982); Bachillerato en Artes (Ciencias Política-Filosofía), Universidad de Puerto Rico (1977). **Las expresiones vertidas por el autor no se hacen en su carácter oficial, a nombre o en representación de la Rama Judicial de Puerto Rico.**

[1] *¿Qué hay de Nuevo? ...Viejo: Aproximación al Libro de Contratos en Particular del Código Civil 2020*, BiblioGráfica, San Juan, Puerto Rico, págs. 301-362 (2021).

primer semestre del año académico 2021, la Facultad de Derecho de la Universidad de Puerto Rico me brindó la oportunidad de impartir el curso sobre Contratos en Particular, utilizando las disposiciones halladas en el código civil nuevo.

Tan pronto leí la Exposición de Motivos, me llamó la atención una declaración que se anunció como agenda programática, innovadora, no solo del Código Civil de 2020 en general, sino del título de los contratos en particular, a saber: que el nuevo cuerpo normativo pretende, "poner fin a la bifurcación del derecho de las obligaciones" o, lo que es lo mismo, "integrar las vertientes civil y mercantil de las obligaciones".

Dicha afirmación me remitió a mis años en la práctica privada como abogado en el ámbito del derecho comercial y bancario, y específicamente trajo a mi memoria la opinión del fundador de esta Academia, el Dr. José Trías Monje, en el caso de *Pescadería Rosas Inc. v. Lozada*.[2] En esta opinión, de apenas 4 páginas, el Tribunal Supremo de Puerto Rico (en adelante, "Tribunal Supremo") estableció un parámetro claro y preciso sobre el tema objeto de la atención del legislador puertorriqueño de 2020, a saber: existe un ordenamiento civil y otro mercantil, y quien invoca la jurisdicción del Código de Comercio tiene la carga de probar que el negocio jurídico constituye un acto de comercio;[3] es decir, el promovente tiene que determinar respecto al acto "su finalidad, su conexión con el tráfico mercantil, su habitualidad, su atención al valor permutable de las cosas".[4] El Tribunal Supremo indicó que "[e]ste paso es decisivo para

---

[2] *Pescadería Rosas, Inc. v. Lozada*, 116 DPR 474 (1985).
[3] *Id.*, pág. 481 (1985).
[4] *Id.*, pág. 479.

deslindar el campo del derecho mercantil del correspondiente al derecho civil". [5]

Para el momento histórico al que me refiero, principios de los años 90 del siglo pasado, este caso estableció un requisito de umbral para las partes que frecuentemente interesaban acogerse a los beneficios de los términos prescriptivos más cortos: "[l]as acciones que en virtud de este Código no tengan un plazo determinado para deducirse en juicio, prescribirán a los cinco (5) años",[6] o anular un contrato mercantil cuyo valor excede $300.00 y sólo se basa en prueba oral sin que concurra "alguna otra prueba".[7] La adjudicación final y firme de estas cuestiones de umbral podía tardar años y al final del camino, de perder el promovente, las partes se enfrentaban a un litigio nuevo, que apenas comenzaba y cuya adjudicación final, si no se transigía primero, tardaría varios años más. Por ello, un alto ejecutivo de la institución bancaria que yo representaba para esta época decía que, si no había una "controversia de conceptos", es decir, de cierta enjundia jurídica, transigía la reclamación.

A base de esta experiencia profesional, me hallé reflexionando si la agenda integradora de nuestro legislador conllevaba la derogación del Código de Comercio y, con ello, el requisito de entrada a dicha jurisdicción establecido en *Pescadería Rosas, Inc. v. Lozada*. De igual forma, consideré si, a partir de la vigencia del Código Civil de 2020, era impertinente distinguir las compraventas mercantiles de las civiles. En otras palabras, si ahora los negocios jurídicos en general estarían regulados por el mismo cuerpo normativo.

---

[5] *Id.*, pág. 476, nota al calce 1.
[6] CÓD. COM. PR art. 940, 10 LPRA § 1902 (2013 & Supl. 2021).
[7] *Id.* § 1382.

Con el propósito de aclarar dichas interrogantes procede, en buena hermenéutica, "comenzar por el principio", es decir, identificar qué dijo el legislador puertorriqueño del 2020 sobre el tema de la integración de las obligaciones civiles y las mercantiles.

I. ¿Cómo el legislador puertorriqueño de 2020 abordó el tema?

Nuestro legislador destaca que, desde el punto de vista sustantivo, uno de los aspectos notables de la revisión codificadora en el libro de Contratos en Particular es haber "puesto fin a la bifurcación del derecho de obligaciones".[8] En otras palabras, "la nueva regulación de los contratos se propone servir a estos dos mundos que, en términos legislativos, nunca estuvieron realmente incomunicados".[9]

Para poner en vigor dicho programa legislativo, el legislador puertorriqueño de 2020 incorporó al Título II, los contratos de suministro, arrendamiento financiero, agencia, corretaje, concesión, o distribución, y "algunas figuras del transporte".[10]

Veamos cómo se fue gestando esta agenda legislativa.

A. Trámite Legislativo

---

[8] *Código Civil de Puerto Rico 2020-Memorial Explicativo: obligaciones, contratos y responsabilidad civil extracontractual*, Ediciones En Contexto, Henry Rodríguez Gracia & Joel Cosme Morales eds., pág. 123.
[9] *Id.*
[10] Véase Exposición de Motivos del Código Civil de Puerto Rico, Ley Núm. 55-2020, 31 LPRA §§ 5311, *et seq*.

El trámite legislativo al que hemos tenido acceso se plasma en los siguientes documentos, a saber: (1) el Estudio Preparatorio sobre Contratos en Particular del Profesor Ramón Antonio Guzmán de 1999; (2) el Borrador para discusión — Código Civil de Puerto Rico, Borrador del Libro Quinto de Derechos de Contratos y Otras Fuentes de las Obligaciones (2004); (3) el P del S. 1710 – 25 de junio de 2016, presentado por el Sr. Pereira Castillo Referido a la Comisión de lo Jurídico, Seguridad y Veteranos, "Para adoptar el Código Civil del Estado Libre Asociado de Puerto Rico", establecer su estructura, delimitar su alcance, disponer su vigencia, derogar el Código Civil de Puerto Rico de 1930; y para otros fines relacionados; (4) el P. de la C. 1654; (5) el Informe Positivo de Proyecto Sustitutivo – Comisión de lo Jurídico de la Cámara de Representantes; (6) el Segundo Informe del Proyecto Sustitutivo de la Cámara de Representantes; (7) el Proyecto Sustitutivo, radicado por Comisión de la Cámara de Representantes; y (8) el Informe de la Comisión, rendido con enmiendas del Senado de Puerto Rico.

Aproximémonos a estos:

1. Estudio Preparatorio Sobre Contratos en Particular, Ramón Antonio Guzmán (1999).

El documento en cuestión no hace referencia alguna a la integración de las obligaciones civiles y las obligaciones mercantiles. Tampoco incluye en el libro de los Contratos en Particular propuesto los contratos de suministro, arrendamiento financiero, agencia, corretaje, concesión o distribución y transporte. Al contrario, tanto la estructura como el contenido del libro de contratos en particular de este

Estudio Preparatorio parece bastante tradicional, entiéndase, similar al del Código Civil de 1930.[11]

2. Borrador para Discusión – Código Civil de Puerto Rico, Borrador del Libro Quinto de Derecho de Contratos y Otras Fuentes de las Obligaciones (2004).

Es en este Borrador de 2004 donde, por primera vez, encontramos los contratos mercantiles examinados, con una estructura y un lenguaje muy similar a los de su contraparte en el Código Civil de 2020. La diferencia estriba en que, en los contratos de arrendamiento financiero y de agencia, no se incluye una cláusula sobre la naturaleza supletoria de ambas figuras con relación a las leyes especiales aplicables.[12] En cambio, los contratos de suministro, corretaje, concesión y transporte, son, insistimos, prácticamente idénticos a los del Código Civil de 2020, incluyendo la referencia a su naturaleza supletoria respecto a los ordenamientos especiales pertinentes.[13] Sin embargo, no hay expresión legislativa alguna a los efectos de que la inclusión de estos contratos en el libro de contratos en

---

[11] Ramón Antonio Guzmán, *Estudio preparatorio sobre Derecho de Contratos presentado a la Com. Conj. Per. para la Rev. y Reforma del Código Civil de Puerto Rico* arts. 1334-1786 (1999).

[12] ASAMBLEA LEGISLATIVA PR, COM. CONJ. PER. PARA LA REV. Y REFORMA DEL CÓD. CIV. DE PR, BORRADOR DEL LIBRO QUINTO DE DERECHO DE CONTRATOS Y OTRAS FUENTES DE LAS OBLIGACIONES, arts. 123-134, 203-219, en las págs. 27-30, 43-46 (2004). Compárense los Artículos 123-134 y 203-219 del Borrador de 2004 con los Artículos 1351-1363 y 1421-1438 del Código Civil de 2020.

[13] *Id.*, arts. 70-77, 163-173, 189-193, 220-229, en las págs. 17-18, 35-37, 40-41, 47-49. Compárese los Artículos 70-77, 163-173, 189-193 y 220-229 del Borrador de 2004 con los Artículos 1297-1304; 1390-1400; 1416-1420 y 1439-1447 del Código Civil de 2020.

particular sea un corolario de la implantación de la política legislativa de fusionar los ordenamientos civil y mercantil.

Llamamos la atención de que, además de los contratos previamente mencionados, en el Borrador de 2004 se incluyó el contrato de franquicia, tipo contractual que no se incluyó en la versión final del Código Civil de 2020 aprobada por el legislador.

3. **P. del S. 1710 – 25 de junio de 2016, Presentado por el señor Pereira Castillo, Referido a la Comisión de lo Jurídico, Seguridad y Veteranos "Para Adoptar el Código Civil del Estado Libre Asociado de Puerto Rico", establecer su estructura, delimitar su alcance, disponer su vigencia, derogar el Código Civil de Puerto Rico de 1930; y para otros fines relacionados**

En el P. del S. 1710 de 2016 nuestro legislador, por primera vez, formula una declaración expresa de la política legislativa en materia de contratos en particular, a saber: poner "fin a la bifurcación del derecho de las obligaciones".[14] Además, sugiere como consecuencia expresa de dicha declaración de propósitos, el aumento en el número de tipos contractuales y la inclusión de los contratos de arrendamiento financiero, o *leasing*, y de suministro.[15]

Debemos mencionar que los nuevos tipos contractuales de este documento legislativo son prácticamente idénticos a los del borrador de 2004.

---

[14] Exposición de Motivos del P. del S. 1710 de 25 de junio de 2016, 7ma Sesión Ordinaria, 17ta Asamblea Legislativa, en la pág. 18.
[15] *Id.*, págs. 17-18.

Finalmente, en este proyecto del Senado de 2016 se vuelve a incluir como nuevo contrato particular a la franquicia.

4. P. de la C. 1654.

En materia de contratos en particular el legislador afirma que "el borrador del Código presentado por la Cámara de Representantes se nutrió del estudio realizado por la Comisión Permanente en el año 2011 y 2016".[16] Además, a las figuras mercantiles incorporadas en el Borrador de 2004 y en el P. del S. 1710 de 2016, el legislador añadió la siguiente cualificación relacionada con el contrato de arrendamiento financiero: que "las reglas contenidas en este capítulo complementan y no sustituyen lo dispuesto en la legislación especial que regula los arrendamientos financieros".[17]

Por otro lado, los contratos de suministro, arrendamiento financiero, agencia, corretaje, concesión y distribución, incluidos en el proyecto de la Cámara de Representantes examinado, son prácticamente idénticos a los del Borrador de 2004 y al del P. de la C. 1710 de 2016. Sin embargo, como advertimos previamente, en el P. de la C. 1654 no se incluyó el contrato de franquicia.

Por lo demás, no hay novedad sobre el tema objeto de reflexión.

5. Informe Positivo del Proyecto Sustitutivo – Comisión de lo Jurídico

---

[16] Bosquejo del Trámite Legislativo del Código Civil de Puerto Rico, Ley Núm. 55-2020, 31 LPRA §§ 5311, *et seq*, en la pág. 1.
[17] *Id.*, pág. 8.

En este informe se reitera que "se añaden como contratos nuevos no regulados en el Código actual, entre otros, los de suministro, arrendamiento financiero, agencia, franquicia y corretaje".[18]

En cuanto a la política legislativa que subyace a dicha incorporación, el legislador declara:

La división entre obligaciones y contratos civiles y obligaciones y contratos mercantiles es fuente permanente de confusión. Dicha distinción carece en lo principal de justificación en la actualidad, por no dar lugar a regulaciones sustancialmente diferentes. Por tal razón se ha optado por incluir en este Código algunos contratos pertenecientes al ámbito mercantil, que están incluidos en los borradores originales del Anteproyecto, tales, como el suministro, la concesión o distribución, la franquicia, la agencia y algunas figuras del transporte.[19]

Sin embargo, añade una importante cualificación:

Lo anterior no significa la derogación de las figuras de la compraventa mercantil y otras, reguladas actualmente en el Código de Comercio. Cuando una figura contractual que está regulada específicamente en este Código coincida con otra también regulada en el Código de Comercio, prevalecerá este Código a tenor con el principio que, tratándose de la misma materia regulada, las leyes posteriores derogan las leyes anteriores cuando sus disposiciones son contrarias a la ley anterior e irreconciliable con ella.[20]

---

[18] *Id.*, pág. 10. Véase Informe positivo sobre el P. de la C. 1654, Com. de lo Jurídico, Cámara de Representantes, 25 de octubre de 2018, 4ta Ses. Ord., 18va Asam. Leg., en la pág. 98.
[19] *Id.*, pág. 12.
[20] *Id.*, págs. 12-13.

En otras palabras, aunque en el libro de contratos en particular del proyecto del Código Civil de 2020 se incorporan tipos contractuales de naturaleza mercantil, ello no significa que se deroga el ordenamiento mercantil vigente. Por el contrario, tanto la compraventa mercantil, "como otras" —¿figuras contractuales?— reguladas por el Código de Comercio siguen vigentes y solo en caso de conflictos entre ambos ordenamientos, prevalece el nuevo Código Civil.

6. Segundo Informe del Proyecto Sustitutivo.

En cuanto al tema ante nuestra consideración, este informe no modificó los contratos mercantiles objeto de nuestro análisis.[21]

7. Proyecto Sustitutivo radicado por Comisiones.

En lo aquí pertinente, este informe no añade nada a las figuras estudiadas. Al contrario, reitera, en todos sus extremos, la posición sostenida en los documentos legislativos previamente examinados.[22] Consecuentemente, destaca que "se añaden como contratos nuevos no regulados en el Código actual... los de suministro, arrendamiento financiero, agencia, franquicia y corretaje".[23]

En cuanto a la integración de los ordenamientos civil y mercantil, nuestro legislador cita *ad verbatim* las declaraciones previamente expuestas en cuanto a que la

---

[21] *Id.*, págs. 21-22. Véase Informe positivo sobre el P. de la C. 1654, Com. de lo Jurídico, Cámara de Representantes, 30 de enero de 2019, 5ta Ses. Ord., 18va Asam. Leg.

[22] *Id.*, pág. 23. Véase Sustitutivo de la Cámara al P. de la C. 1654 de 25 de octubre de 2018, Com. de lo Jurídico, 4ta Ses. Ord., 18va. Asam. Leg.

[23] *Id.*

división "es fuente permanente de confusión[;] que la distinción carece en lo principal de justificación en la actualidad";[24] que, por tal razón, se ha incluido en el nuevo Código "algunos contratos pertenecientes al ámbito mercantil";[25] pero que ello "no significa la derogación de las figuras de la compraventa mercantil y otras reguladas actualmente en el Código de Comercio".[26] Finalmente, declara que en casos de conflictos irreconciliables entre el Código de Comercio y el Código Civil de 2020 prevalece este último, ya que la ley posterior deroga la anterior.[27]

En esta ocasión, para que no quede duda alguna sobre el referente de la política legislativa de integración de las obligaciones civiles y mercantiles, nuestro legislador acoge, expresamente, y con aprobación, la Propuesta del Código Civil – Asociación de Profesores de Derecho Civil de 2018.[28]

8. Informe Comisión rendido con enmiendas – Senado de Puerto Rico.

Luego de reconocer la incorporación de los contratos de suministro, arrendamiento financiero, agencia y corretaje,[29] el Senado de Puerto Rico aprobó el P. de la C. 1654 con enmiendas que no afectan las figuras contractuales estudiadas. De modo que, para la cámara alta, "en términos

---

[24] *Id.*
[25] *Id.*
[26] *Id.*
[27] *Id.*, págs. 24-25.
[28] *Id.*, pág. 24.
[29] *Id.*, pág. 27. Véase Informe rendido con enmiendas sobre el P. de la C. 1654 de 28 de febrero de 2020, Com. sobre Relaciones Federales, Políticas y Económicas del Senado de Puerto Rico, 7ma Ses. Ord., 18va Asam. Leg.

generales, el texto aprobado por la Cámara no sufrió cambios significativos en el contenido".[30]

B. Producto Final: Código Civil de Puerto Rico, Ley Núm. 55-2020 de 1 de junio de 2020, Exposición de Motivos

El trámite legislativo previamente expuesto culmina en la aprobación del Código Civil de 2020 y, en lo aquí pertinente, en el Libro Quinto – Los Contratos y otras Fuentes de las Obligaciones. En la Exposición de Motivos, el legislador repite lo ya declarado en cuanto a que incorpora en el libro de contratos en particular ciertos contratos nuevos, no regulados en el Código Civil de 1930, "entre otros, los de suministro, arrendamiento financiero, agencia y corretaje".[31]

Además, sobre la integración de las obligaciones mercantiles y civiles, reafirma la declaración de propósitos mencionada consistentemente, a saber:

La división entre obligaciones y contratos civiles y obligaciones y contratos mercantiles es fuente permanente de confusión. Dicha distinción carece en lo principal de justificación en la actualidad, por no dar lugar a regulaciones sustancialmente diferentes. Por tal razón, se ha optado por incluir en este Código algunos contratos pertenecientes al ámbito mercantil, que están incluidos en los borradores originales del anteproyecto, tales como el suministro, la concesión o distribución, la agencia y algunas figuras del transporte. Lo anterior no significa la derogación de las

---

[30] *Id.*, pág. 32.
[31] Exposición de Motivos del Código Civil de Puerto Rico, Ley Núm. 55-2020, *supra*, pág. 12.

figuras de la compraventa mercantil y otras, reguladas actualmente en el Código de Comercio.[32]

En la versión final aprobada se eliminaron las referencias al contrato de franquicia y al principio hermenéutico de *in pari materia* relativo a la interpretación de las materias reguladas por los Códigos de Comercio de 1932 y Civil de 2020.

Ahora corresponde examinar la versión final de aquellos *contratos mercantiles que se incorporan por primera vez en el libro sobre los contratos en particular*, a saber: los Contratos de Suministro, Arrendamiento Financiero, Agencia, Corretaje, Concesión o Distribución y Transporte.

1. *Suministro*[33]

En el Código Civil de 2020, el suministro se define como aquel contrato en virtud del cual el suministrante se obliga a entregar bienes en forma periódica, o continuada, al suministrado; el suministrado, a su vez, se obliga a pagar un precio por cada prestación o serie de prestaciones.[34] Es un contrato de tracto sucesivo,[35] cuya finalidad económica es la provisión continua de bienes.[36] Finalmente, puede estar relacionado con negocios jurídicos como la compraventa, la entrega de bienes o la prestación de servicios.[37]

---

[32] *Id.*, pág. 13.
[33] CÓD. CIV. PR arts. 1297-1304, 31 LPRA §§ 10021-10028 (2020).
[34] *Id.* § 10021.
[35] Memorial explicativo del CÓD. CIV. PR art. 1298, 31 LPRA § 10022 (2020), pág. 1250.
[36] *Id.* § 10021, pág. 1249.
[37] *Id.*

2. *Arrendamiento financiero*[38]

Se define como arrendamiento financiero el contrato de financiamiento de la adquisición de un bien. De modo que, una vez adquirido el bien, el arrendador traspasa su uso y disfrute al arrendatario, quien tiene la opción de comprarlo. A cambio de lo anterior, la obligación principal del arrendatario es pagar un canon.[39] Además, este negocio jurídico se puede extender a todo tipo de bienes.[40] Sin embargo, la incorporación del arrendamiento financiero en el nuevo código civil no sustituye la legislación especial vigente que regula dicho negocio jurídico. Es decir, el contrato de arrendamiento financiero no sustituye las leyes especiales que regulan esta materia, las que, en consecuencia, continúan vigentes.[41]

3. *Agencia*[42]

Mediante el contrato de agencia, el agente se obliga a promover continuadamente los negocios del comitente, quien le paga una remuneración por dicha gestión.[43] Como norma, es un intermediario independiente que no asume el riesgo de las operaciones ni representa al comitente.[44] A esto hay que añadir que la exclusividad es natural a este contrato.[45] En cuanto a la remuneración del agente, se reconocen los derechos que surjan de leyes especiales.[46]

---

[38] CÓD. CIV. PR arts. 1351-1363, 31 LPRA §§ 10181-10231 (2020).
[39] *Id.* § 10181.
[40] Memorial explicativo, *supra*, 31 LPRA § 10181 (2020), pág. 1292.
[41] CÓD. CIV. PR art. 1363, 31 LPRA § 10231 (2020).
[42] *Id.* §§ 10421-10457.
[43] *Id.* § 10421.
[44] *Id.* § 10422.
[45] Memorial explicativo, *supra*, 31 LPRA § 10444 (2020), pág. 1338.
[46] CÓD. CIV. PR art. 1437, 31 LPRA § 10456 (2020).

4. *Corretaje*[47]

Se califica como contrato de corretaje aquel negocio jurídico en el que el corredor se obliga, por un precio o comisión, a gestionar el otorgamiento de un contrato entre el comitente y un tercero. Esta encomienda la hará independiente, y sin la representación, del comitente. Es importante destacar que "el corretaje tiene por objeto una gestión que facilita un negocio, pero sin que el corredor represente al comitente",[48] y su especificidad estriba en que "el corredor desempeña, prácticamente, una función pública",[49] de modo que tiene una obligación de transparencia para todas las partes involucradas.[50] En cambio, nuestro legislador dejó claramente establecido que su incorporación en el libro de contratos especiales no desplaza la vigencia de las disposiciones aplicables de las leyes especiales que regulan el contrato de corretaje conforme a casos específicos.[51]

5. *Concesión o distribución*[52]

Mediante el contrato de concesión o distribución, el concesionario o distribuidor se obliga a disponer de sus recursos y a prestar sus servicios para comercializar los productos del concedente. A cambio de esta prestación, aquel se obliga a pagar una retribución y a facilitarle al concesionario los productos convenientes.[53] Esta relación contractual puede ser o no exclusiva conforme lo convengan las partes.[54] Sin embargo, estas normas no menoscaban

---

[47] *Id.* §§ 10411-10415.
[48] Memorial explicativo, *supra*, 31 LPRA § 10413, pág. 1331.
[49] *Id.*
[50] *Id.*
[51] CÓD. CIV. PR art. 1418, 31 LPRA § 10413 (2020).
[52] *Id.* §§ 10471-10493.
[53] *Id.* § 10471.
[54] *Id.* § 10472.

derechos del concesionario o distribuidor al amparo de las leyes especiales aplicables o del contrato de distribución suscrito entre las partes.[55]

6. *Transporte*[56]

En virtud del contrato de transporte, el porteador se obliga a trasladar personas o cosas a cambio de un precio.[57] Por su importancia "como actividad indispensable en la marcha adecuada de los asuntos económicos",[58] el legislador le impone al transportista o cargador un estándar muy fuerte de responsabilidad –culpa ajena– que en ocasiones se acerca a la responsabilidad objetiva. Notamos que, bajo el nuevo ordenamiento, el legislador reguló de forma independiente el transporte de cosas del de personas. Bajo ambos supuestos, es decir, el transporte de cosas o el de personas, el contrato está sujeto a las exigencias de las leyes y reglamentos aplicables.[59] Además, la vigencia de las disposiciones sobre transporte del nuevo Código Civil está subordinada a las leyes especiales que regulan el transporte en sus distintas manifestaciones. En consecuencia, las normas del contrato de transporte del Código Civil de 2020 son supletorias.[60]

---

[55] *Id.* § 10493.
[56] *Id.* §§ 10331-10335.
[57] *Id.* § 10331.
[58] Memorial explicativo, *supra*, 31 LPRA § 10334, pág. 1317.
[59] CÓD. CIV. PR arts. 1395-1400, 31 LPRA §§ 10341-10354 (2020).
[60] *Id.* § 10332.

II. Análisis Comparativo de la Propuesta del Código Civil – Asociación de Profesores de Derecho Civil y del Código Civil de Puerto Rico, Ley Núm. 55-2020 de 1 de junio de 2020

A. Propuesta del Código Civil – Asociación de Profesores de Derecho Civil

Como expusimos previamente, el legislador puertorriqueño de 2020 identifica como referente del programa de la integración de las obligaciones civiles y mercantiles a la Propuesta del Código Civil – Asociación de Profesores de Derecho Civil de 2018, en adelante "Propuesta del Código Civil". Para efectos de nuestro objeto de análisis, corresponde examinar, *in extenso*, la Exposición de Motivos de la Propuesta del Código Civil. Veamos:

> Partiendo de que la división entre obligaciones y contratos civiles es fuente permanente de confusión y que dicha distinción carece en lo principal de justificación en la actualidad, por no dar lugar a regulaciones sustancialmente diferentes, se opta por una regulación unitaria tanto de las obligaciones como de los contratos en aras de la sencillez y de la claridad, es decir, en aras de la seguridad jurídica.
>
> **Superada esa división, el libro quinto pretende abarcar todas las relaciones jurídico-privadas en la regulación de sus respectivas materias, incluida la responsabilidad extracontractual.**
>
> **Así, desaparece la distinción entre compraventa civil y compraventa mercantil, entre mandato y comisión, entre arrendamientos o contratos de servicios civiles y mercantiles; se regulan contratos que se celebran necesariamente entre empresarios o profesionales,**

como son los contratos de distribución y el arrendamiento financiero. La regulación contenida en el Libro Quinto comprende todo tipo de contratos privados; también la contratación de consumo. Ya no es necesario optar por una naturaleza civil o mercantil de los contratos mixtos.

. . . .

Una última aclaración de carácter general que tiene que ver con el sector de la realidad que se pretende regular. En el siglo XIX la distinción entre contratación general y contratación mercantil tenía sentido, pero, como ya se ha dicho en la Presentación de esta Propuesta, esa distinción ha perdido sentido. La división del derecho de la contratación entre el Derecho civil y el mercantil no se da en todos los países europeos …". **Sea como fuere, lo que parece evidente es que hoy día en la contratación general hay que incluir, junto a la contratación entre particulares, la contratación profesional y la contratación mixta, lo que significa que, a la hora de establecer la regulación general de las obligaciones y contratos, hay que ampliar la perspectiva de la codificación civil decimonónica.**[61]

Una revisión del Código Civil propuesto por la Asociación de Profesores de Derecho Civil revela que la agenda de integración de las obligaciones civiles y mercantiles es abarcadora. Así pues, propone expresamente abolir la distinción entre el ordenamiento civil y el mercantil, y opta por una regulación unitaria de las obligaciones y de los contratos que incluye todas las relaciones jurídico-privadas, la responsabilidad *ex contractu* inclusive.

---

[61] Exposición de Motivos de *Propuesta de Código Civil*, Asociación de Profesores de Derecho Civil, Ed. Tecnos, Madrid, págs. 197-199 (2018) (Énfasis suplido).

El programa integrador de la Asociación de Profesores de Derecho Civil se objetiva desde el principio. Por ello, la estructura del libro de contratos de la Propuesta del Código Civil no contiene un acápite separado para los contratos en particular. De modo que del título sobre los contratos en general pasa directamente a contratos específicos tales como la compraventa, las compraventas especiales, el arrendamiento de empresa, los contratos de servicios turísticos y así sucesivamente, hasta concluir con el contrato de fianza.[62]

Tan pronto el lector avanza en la lectura del texto, advierte de forma inequívoca el esfuerzo de integración de las obligaciones anunciado en la Exposición de Motivos. En consecuencia, se incluyen contratos estrictamente comerciales como el de arrendamiento de empresa,[63] contratos que involucran suplidores comerciales o industriales y consumidores, tales como la compraventa de bienes de consumo,[64] la venta a calidad de ensayo o prueba, la venta *ad gustum*,[65] la venta automática,[66] y la compraventa de bienes muebles a plazos y los contratos para su financiación.[67] También se regula el contrato de *renting*.[68]

---

[62] Véase *Id.*, Título III: Del Contrato de Compraventa arts. 531-1–535-2; Título IV: De Las Compraventas Especiales arts. 541-1–545-12; Título VI: Del Arrendamiento de Bienes, Capítulo V: Del Arrendamiento de Empresa arts. 565-1–565-8: Título VIII: De los Contratos de Servicios, Capítulo IV: De los Contratos de Servicios Turísticos arts. 584-1–584-18; Título XVII: De la Fianza arts. 5171-1–5175-3.

[63] *Id.*, Capítulo V: Del Arrendamiento de Empresa arts. 565-1–565-8.

[64] *Id.*, Capítulo I: De la Compraventa de Bienes de Consumo arts. 541-1–541-17.

[65] *Id.*, Capítulo II: De la Venta a Calidad de Ensayo o Prueba y de la Venta *Ad Gustum* arts. 542-1–542-2.

[66] *Id.*, Capítulo IV: De la Venta Automática arts. 544-1–544-4.

[67] *Id.*, Capítulo V: De la Compraventa de Bienes Muebles a Plazos y de los Contratos para su Financiación arts. 545-1–545-12.

[68] Véase *Id.*, Capítulo I: Del Arrendamiento de Bienes art. 561-1.

El ánimo de fusión del campo de las obligaciones se observa, además, al incluir contratos de servicios que involucran a consumidores y comerciantes, tales como el contrato de servicios turísticos,[69] el de comunicaciones electrónicas,[70] los de financiamiento,[71] el de apertura de caja de seguridad,[72] y el de aparcamiento de vehículos de motor.[73]

Pero el esfuerzo integrador continúa. Se incluyen también contratos profesionales como el de consultoría,[74] el de servicios médicos,[75] y el de mediación.[76]

El programa de integración alcanza el Título XIX de la Responsabilidad Civil Extracontractual, pues incorpora disposiciones que regulan a los productores, la responsabilidad civil de las empresas,[77] la de los proveedores,[78] y hasta la responsabilidad de los fabricantes por los daños causados por productos defectuosos.[79]

---

[69] *Id.*, Capítulo VI: De los Contratos de Servicios Turísticos arts. 584-1–584-3.

[70] *Id.*, Capítulo VII: De los Contratos de Servicios de Comunicaciones Electrónicas arts. 587-1–587-30.

[71] *Id.*, Capítulo XII: De los Contratos de Financiación arts. 5121-1–5124-3.

[72] *Id.*, Capítulo IV: Del Servicio Bancario de Cajas de Seguridad arts. 5144-1–5144-4.

[73] *Id.*, Capítulo III: Del Contrato de Aparcamiento de Vehículos arts. 5143-1–5143-4.

[74] *Id.*, Capítulo V: De los Contratos de Consultoría y Asesoramiento arts. 585-1–585-8.

[75] *Id.*, Capítulo VI: Del Contrato de Servicios Médicos arts. 586-1–586-6.

[76] *Id.*, Capítulo VIII: Del Contrato de Mediación arts. 588-1–588-5.

[77] *Id.*, Capítulo VI: De la Responsabilidad Civil Empresarial arts. 5196-1–5196-12.

[78] *Id.*, art. 5196-8.

[79] *Id.*, arts. 5196-7–5196-10.

En resumen, la Asociación de Profesores de Derecho Civil pretendió llevar hasta sus últimas consecuencias el programa de integración de las obligaciones civiles y mercantiles, al construir un cuerpo normativo que integra los componentes esenciales de la regulación jurídica de la vida civil de los ciudadanos, es decir el civil, el mercantil y, en algunas ocasiones, el administrativo. Bajo esta óptica tan amplia era innecesaria una legislación mercantil independiente y expresamente recomendó la derogación del Código de Comercio.

B. Código Civil de Puerto Rico, Ley Núm. 55-2020 del 1 de junio de 2020

No hay que hacer un gran esfuerzo de reflexión para concluir que ese ambicioso programa de integración de las obligaciones no se materializó en la Ley Núm. 55-2020. A diferencia de la Propuesta del Código Civil, el Código Civil de 2020 reconoce como categoría independiente en el Título II a *Los Contratos en Particular*. Además, aunque incorpora seis contratos de naturaleza mercantil, solo dos, el de arrendamiento financiero y el de agencia, tienen una contraparte en la Propuesta del Código Civil, pero con una normativa muy diferente a la de este último. Por lo demás, el Código Civil de 2020 presenta una estructura y un contenido más tradicional que aquella: más similar al Código Civil de 1930 que al modelo de la Asociación de Profesores de Derecho Civil.

A esto hay que añadir que el alcance de los seis contratos mercantiles incorporados en el nuevo Código Civil queda bastante delimitado, al nuestro legislador enfatizar consistentemente su naturaleza supletoria respecto a las leyes especiales aplicables.[80]

Ahora bien, en cuanto a la consecuencia más radical de la Propuesta del Código Civil, el legislador de 2020 se quedó corto y rechazó expresamente "la derogación de las figuras de la compraventa mercantil y otras, reguladas actualmente en el Código de Comercio".[81] En otras palabras, el Código de Comercio está vigente, como lo están también *otras figuras* de dicho cuerpo normativo que, lamentablemente, el legislador no identifica.

III. Conclusión

Definitivamente, la integración del campo de las obligaciones del legislador puertorriqueño de 2020 no fue tan abarcadora como la propuesta de la Asociación de Profesores de Derecho Civil. A pesar de que se incluyeron por primera vez seis contratos de indiscutible naturaleza mercantil, el ordenamiento vigente compuesto por el Código de Comercio y las leyes mercantiles especiales no fue derogado. Por el contrario, sigue vigente. Si algo revela el escueto historial legislativo examinado, es que, desde 2018, el legislador fue reconociendo gradualmente el espacio de

---

[80] Al respecto, conviene mencionar que aunque ya en el Borrador de 2004 se incluyeron en el libro de contratos en particular contratos de talante mercantil como el de arrendamiento financiero, agencia, suministro, corretaje y transporte, la expresión legislativa de que ello constituye la implantación de una política de integración del campo de las obligaciones aparece por primera vez en 2018 cuando nuestro legislador cita con aprobación la Exposición de Motivos de la Propuesta del Código Civil – Asociación de Profesores de Derecho Civil. En otras palabras, en el Borrador de 2004 se incorporan los contratos mercantiles mencionados pero desconocemos el fundamento del legislador para tomar dicha decisión.

[81] Exposición de Motivos del Código Civil de Puerto Rico, *supra*, 31 LPRA §§ 5311, *et seq*.

las leyes comerciales especiales vigentes y reservando consistentemente para las figuras mercantiles adoptadas en el nuevo código civil un tímido rol supletorio. Como suelen decir los jueces, *es forzoso concluir* que en el mundo de los negocios las cosas se seguirán haciendo como se han hecho hasta ahora. Es decir, se regularán las relaciones entre comerciantes a base, primordialmente, de leyes especiales y, de haber alguna dificultad, habrá que acudir de modo supletorio al Código Civil de 2020. Como el legislador no derogó expresamente el Código de Comercio de 1932, se presume que tanto el nuevo Código Civil como el Código de Comercio reflejan la política pública de la Asamblea Legislativa y sus disposiciones se deben interpretar *in pari materia*, es decir, "refiriendo las unas con las otras".[82] Del mismo modo, el Código Civil de 2020 será derecho supletorio en aquellos casos en que el acto de comercio no esté regulado ni por el Código de Comercio ni por los usos del comercio observados generalmente en cada plaza.[83]

A nuestro entender, el punto de inflexión de este desarrollo culmina en la Exposición de Motivos del Código Civil de 2020, cuando nuestro legislador declara expresamente que las nuevas figuras adoptadas "no significa[n] la derogación de las figuras de la compraventa mercantil y otras, reguladas actualmente en el Código de Comercio".[84]

Como comentario al margen, llamamos la atención a que en el Memorial Explicativo se identifica como ejemplo de la política integradora del campo de las obligaciones la adopción de la presunción de onerosidad en los contratos de

---

[82] *Cardona Zayas v. Depto. de Recreación y Deportes*, 129 DPR 557, 568-569 (1991).
[83] CÓD. COM. PR art. 2, 10 LPRA § 1002 (2013 & Supl. 2021).
[84] Exposición de Motivos del Código Civil de Puerto Rico, *supra*, 31 LPRA §§ 5311, *et seq*.

préstamo,[85] mandato[86] y depósito,[87] que en el Código Civil de 1930 se presumían gratuitos. Sin embargo, este no es un indicador fiable, ya que no se reconoce en el Código Civil propuesto por la Asociación de Profesores de Derecho Civil, referente del legislador puertorriqueño de 2020, como un criterio del programa integrador.

Así pues, ¿dónde estamos? ¿Qué pasó con la integración de las obligaciones civiles y mercantiles? ¿Abarca el nuevo Código Civil todas las relaciones jurídico-privadas?

No. Estamos en la situación jurídica que describimos al principio de nuestra exposición en el que coexisten — ¿pacíficamente?— dos regímenes de obligaciones distintos, a saber, el civil y el mercantil, además de las leyes especiales vigentes. Así pues, quien invoque la protección del ordenamiento mercantil tiene el peso de probar, como cuestión de umbral, que el negocio jurídico constituye un acto de comercio. Además, conforme al principio de *in pari materia* tendrá que examinar si la norma del Código de Comercio aplicable no es inconsistente con la del Código Civil de 2020, en cuyo caso aplica esta última. En sentido contrario, también deberá tener en cuenta que, de no aplicar las reglas del Código de Comercio ni los usos del comercio, entonces el Código Civil de 2020 será el derecho supletorio. Estamos, según la Propuesta de Código Civil de la Asociación de Profesores de Derecho Civil que en algún momento nuestro legislador miró con simpatía, ante la distinción decimonónica entre contratación general y contratación mercantil, *fuente permanente de confusión* que se ha ido abandonando en Europa *en aras de la seguridad jurídica*. En fin, nos encontramos, si en algún momento salimos, en el ordenamiento mercantil del Código de

---

[85] CÓD. CIV. PR art. 1327, 31 LPRA sec. 10084 (2020). Véase, además, Memorial explicativo, *supra*, 31 LPRA § 10084, pág. 1274.
[86] *Id.*, §§ 10361-10403.
[87] *Id.*, §§ 10511-10523.

Comercio de 1932, de *Pescadería Rosas Inc., v. Lozada* y de la estructura obligacional escindida del Código Civil de 1930.

En fin, al decir de León Trotsky, la revolución quedó inconclusa. En todo caso, puede ser que la mejor forma de describir la relación entre el ordenamiento previo al Código Civil de 2020 y el iniciado por este, lo representa, en lo que al tema objeto de análisis respecta, la sabiduría popular española cuando afirma: *ni contigo ni sin ti, tienen mis males remedios*.

NUEVO CÓDIGO CIVIL DE PUERTO RICO DE 2020
PROFESORA OLGA SOLER BONNIN[*]

Mi felicitación al Hon. Juez del Tribunal de Apelaciones y Profesor Adjunto de la Escuela de Derecho de la Universidad de Puerto Rico, Félix R. Figueroa Cabán, por su Investidura en la Academia de Jurisprudencia y Legislación de Puerto Rico. A continuación mi contestación a su ponencia, como exige el protocolo de la Ceremonia de Investidura.

Introducción

Su análisis sobre la integración propuesta en la exposición de motivos del nuevo Código Civil y que usted muy bien describe, es solo una muestra de la inseguridad jurídica que es consecuencia de la redacción de sus normas. El Código ha incorporado normas de códigos de los países latinoamericanos que utilizan conceptos ajenos al Código anterior y, a su vez, modifica la estructura del mismo. No es cuestión de desatender la actualización del Código anterior, ni tampoco la de impedir el uso de normas de códigos de países latinoamericanos. El problema surge por la falta de coherencia en su estructura y en el contenido de normas que traspasan la función de un código civil, que usualmente se limita a normas generales del Derecho Civil que permite atemperar la norma a una situación concreta que no es posible anticipar.

Para enmarcar la situación actual del Derecho Civil en Puerto Rico, propongo una breve revisión del marco

---

[*] Catedrática de la Escuela de Derecho de la Pontificia Universidad Católica de Puerto Rico y Académica de Número de esta Academia.

histórico y jurídico a partir de la colonización de la Isla de Puerto Rico.[1]

PRIMERA ETAPA: El Derecho castellano no se exportó directamente en las colonias, los monarcas españoles promulgaron legislación especial para las posesiones en el Nuevo Mundo, que se denominó "Consejo de Indias", para asesorar al Rey respecto a sus funciones ejecutiva, legislativa y judicial sobre las colonias. En esta etapa, en 1680 se hizo una compilación de la legislación, denominada "Recopilación de Leyes de los Reinos de las Indias".

SEGUNDA ETAPA: A principios del Siglo XIX, como consecuencia de las guerras de independencia que libraron los pueblos americanos, la Corona española perdió sus posesiones en América, excepto por las Islas de Cuba y Puerto Rico. Desde entonces se trasladó a Cuba y a Puerto Rico la legislación sustantiva y procesal española más importante de la época, entre otros: Código Civil de 1888, Código de Comercio de 1886, Ley Hipotecaria de 1880, Ley Notarial de 1873 y Ley de Procedimiento de Civil de 1885.

TERCERA ETAPA: El 25 de noviembre de 1897 se promulgó un Real Decreto que concedió a las Islas de Cuba y Puerto Rico la formación de un gobierno autónomo propio, que fue interrumpido por la invasión estadounidense del 25 de julio de 1898. El Tratado de Paris, puso fin al conflicto armado y España renunció a todo derecho de soberanía y propiedad sobre Cuba, y cedió a los Estados Unidos la Isla de Puerto Rico.

CUARTA ETAPA: Inmediatamente después del cambio de soberanías, comenzó en Puerto Rico el proceso

---

[1] Ver Olga Soler Bonnin, *El sistema consensual y no formalista en la teoría y la práctica de la contración* 14 REV. ACAD. PR JURIS. & LEGIS. 1 (2016).

de cambio en las instituciones existentes y se sustituyeron importantes parcelas del derecho positivo por legislación importada del Continente, entre, otros: Código Penal y Procedimiento Penal; cambios en el Código Civil; modificación en la estructura de los tribunales; derecho procesal y derecho público. Desde entonces, el ordenamiento jurídico en Puerto Rico se considera por los estudiosos del derecho comparado, como un derecho mixto en el que concurren, instituciones de los sistemas del "*Civil Law*" y del "*Common Law*".

QUINTA ETAPA: La Ley Núm. 55-2020, en la Exposición de Motivos declara que la Ley se creó y estableció "Para adoptar el nuevo 'Código Civil de Puerto Rico'; disponer sobre su estructura y vigencia; derogar el Código Civil de Puerto Rico de 1930, según enmendado; y para otros fines relacionados".

El Nuevo Código Civil adoptó una estructura distinta a la anterior que inicia con un Título Preliminar y Siete Títulos adicionales, divididos en Capítulos y Secciones y, añade al final una sección que agrupa disposiciones transitorias y otras cláusulas para establecer que "[s]i cualquier artículo, inciso, parte, párrafo o cláusula..." del Código y "su aplicación a cualquier persona o circunstancia es declarada inconstitucional por un tribunal, la sentencia no afectará ni invalidará las demás disposiciones...".

En cuanto a lo que nos corresponde analizar, la teoría general de las obligaciones y los contratos, para tener una percepción correcta de las normas que nos interesan es necesario acudir a las reglas del Título IV el cual establece los requisitos que distinguen los Hechos, Actos y Negocios Jurídicos, sin precedente legislativo en Puerto Rico. A manera de ejemplo: los hechos jurídicos los define como "aquellos que producen la adquisición, la modificación o la extinción de derechos" que "pueden acontecer sin la actuación de las personas o por voluntad de estas". En el artículo siguiente define el acto jurídico como el hecho jurídico por la actuación de una o más personas, que pueden ser voluntarios o involuntarios. Los primeros, son aquellos que se exteriorizan con discernimiento, intención y libertad. Los involuntarios son los que no reúnen "las características anteriores". Termina estableciendo que "Los hechos y los actos jurídicos voluntarios e involuntarios producen los efectos que la ley les atribuye". No obstante, no remite a ninguna Ley en particular. En el artículo siguiente establece una presunción, que los menores y los discapacitados mentales son incapaces de ejecutar actos jurídicos, "salvo cuando la ley dispone algo distinto", sin mencionar la ley o leyes a las que se refiere.

Las presunciones, como norma general del procedimiento civil, permiten prueba en contrario. No obstante, en cuanto al tema de capacidad de los menores e incapaces, el Código mantiene la disposición que establece que la mayoría de edad se alcanza al llegar al cumplir los 21 años, al mismo tiempo, reconoce la capacidad del menor de edad que ha cumplido 18 años, aunque esté sujeto a la patria potestad o a la tutela, de consentir a actos jurídicos que realice son válidos desde el momento del consentimiento si su grado de madurez, instrucción académica e independencia de sus mayores le permiten comprender la naturaleza y las consecuencias jurídicas, excepto cuando la ley le impide realizarlos. La impugnación es posible por sus progenitores con patria potestad o tutela si demuestran que no tenía capacidad en el momento de prestar el consentimiento.

Los artículos 1060 y el 1156[2] definen los elementos de las relaciones obligatorias exigibles que garantiza el patrimonio del deudor presente o futuro, no obstante sólo hace referencia a las obligaciones bilaterales y, añade en el

---

[2] Cód. Civ. PR., 31 LPRA §§ 8981 y 9301 (2020).

artículo 1062 que tanto el deudor como el acreedor deben actuar de buena fe.

El nuevo Código en su artículo 1526 y 1527[3] recoge la jurisprudencia anterior sobre la revisión del contrato en situaciones en que concurren los requisitos por situaciones que surgen después la vigencia de la obligación que provocan una lesión excesiva. En el último inciso del artículo 1527 se establece que la retribución no procede si existe entre las partes una relación contractual, lo que no tiene precedente en la jurisprudencia de Puerto Rico. La primera impresión es que no debería aplicar, partiendo de la premisa de que el contrato requiere el consentimiento de las partes.

El artículo 1529[4] reconoce la obligación que surge de una manifestación de voluntad pero establece un requisito que no existía en la jurisprudencia anterior, y que el Código acepta, pero impone una condición para que obligue a la persona que hizo la manifestación a hacer una manifestación pública de su intención, lo cual anula el sentido inicial de la norma.

El artículo 1105[5] recoge el concepto de la renuncia a la solidaridad por el acreedor, que puede ser expresa o tácita, respecto a uno o todos los deudores. No obstante, distingue entre la renuncia tácita por la aceptación del acreedor que exige o reconoce el pago del deudor de su participación de la deuda sin reservas. La renuncia respecto a uno, no extingue la acción del acreedor contra los demás deudores por el resto de la deuda, salvo en el caso de que el acreedor consienta en la división de la deuda, la renuncia beneficia a todos los deudores solidarios. El código se contradice

---

[3] Cód. Civ. PR., 31 LPRA §§ 10771 y 10772 (2020).
[4] Cód. Civ. PR., 31 LPRA § 10782 (2020).
[5] Cód. Civ. PR., 31 LPRA § 9064 (2020).

cuando en el artículo 1100[6] permite que la condonación de la deuda en cuanto a uno extingue la obligación, pero la renuncia en cuanto a uno, no tiene el mismo efecto. Parecería que existe una incongruencia entre las consecuencias de la condonación de la deuda y la renuncia del acreedor.

Otras normas se ocupan de otros asuntos en beneficio del deudor, que no se contemplaban en el Código anterior, que como norma general daban prioridad a los derechos del acreedor. El Código Nuevo tiene varias disposiciones que por el contrario benefician al deudor. Por ejemplo: las normas relacionadas con la interpretación de los contratos con cláusulas generales;[7] las normas aplicables a los contratos celebrados por adhesión[8] o a cláusulas abusivas que enumera el artículo 1249;[9] la lista de bienes inembargables en el artículo 1157[10] que comienza reconociendo el derecho a un hogar seguro, los enseres domésticos y los personales, entre otros, con la salvedad de los casos en que la ley disponga otra cosa; y la sanción en caso de incumplimiento prevista en el artículo 1158.[11]

El nuevo Código actualiza los términos prescriptivos, la interrupción de los términos y prohíbe la extensión de los términos por convención de las partes.[12] Una novedad es la inclusión de los artículos sobre la caducidad aun cuando su objetivo es la extinción de una obligación de orden público

---

[6] Cód. Civ. PR., 31 LPRA § 9059 (2020).
[7] Cód. Civ. PR., 31 LPRA § 9801 (2020).
[8] Cód. Civ. PR., 31 LPRA § 9802 (2020).
[9] Cód. Civ. PR., 31 LPRA § 9803 (2020)
[10] Cód. Civ. PR., 31 LPRA § 9302 (2020).
[11] Cód. Civ. PR., 31 LPRA § 9303 (2020).
[12] Ver artículos 1189 a 1205; Cód. Civ. PR., 31 LPRA §§ 9481-9497 (2020).

que no admite interrupción ni suspensión de los términos salvo que la ley lo permita.[13]

En cuanto a la teoría general de los contratos, el nuevo Código Civil incorpora normas que en su mayoría proceden de la jurisprudencia del Tribunal Supremo. Por ejemplo: la responsabilidad precontractual o postcontractual[14] y los contratos de opción.[15] No obstante a la regulación de los contratos típicos, porque se refieren a normas escritas de los contratos, se han añadido nuevos contratos que amplían el número de contratos que actualmente se regulan en el Código, los cuales tienen una vertiente que proviene de normas del Código de Comercio de 1932, según enmendado, y de normas legales especiales que el Código Civil ha incluido pero que reconoce que son supletorias. Como bien analiza el Hon. Juez en su ponencia, esto crea confusiones que no debieron existir, de lo contrario se traspasaría el umbral que distingue entre el Código Civil y el Código de Comercio que todavía tiene vigencia.

---

[13] Ver artículos 1206 a 1209; Cód. Civ. PR., 31 LPRA §§ 9511-9514 (2020).

[14] Ver artículos 1271 a 1273; Cód. Civ. PR., 31 LPRA §§ 9881-9883 (2020).

[15] Ver artículos 1029 a 1032; Cód. Civ. PR., 31 LPRA §§ 8821-8824 (2020).

Un caso no tan difícil
Manuel Atienza[*]

En fecha reciente (el 10 de noviembre de 2022), el Tribunal de Apelaciones, Panel X, de Puerto Rico dictó una sentencia en un caso que, a primera vista, podría parecer de extrema dificultad,[1] pero que, en mi opinión, una vez considerados todos los elementos del problema —tanto normativos como fácticos— quizás no merezca realmente esa calificación. Y si no lo merece es porque el caso tiene una respuesta que —yo creo— no tendría por qué suscitar ninguna duda razonable, aunque esa no haya sido la opinión de la mayoría del tribunal.

Los hechos del caso, tal y como figuran en la sentencia, habrían sido los siguientes. En el año 2021, en fecha no determinada en la sentencia, la señora Jiménez da a luz un niño, el menor MMR. La esposa de la señora Jiménez es la señora Rodríguez;[2] y el padre biológico del menor, el señor Cintrón. El rol desempeñado por este último no está completamente claro en los hechos que constan en la sentencia, y el tribunal no parece haberse preocupado mucho por aclararlo. Simplemente se recoge en la sentencia que, según el señor Cintrón, el nacimiento del menor MMR había sido fruto de una "relación extramatrimonial"[3] que había mantenido con la señora Jiménez, mientras que el matrimonio Jiménez-Rodríguez había aducido que "lo que existió fue una relación contractual donde la participación del señor Cintrón se limitó a donar la esperma".[4] Dicho de

---

[*] Catedrático de Filosofía del Derecho de la Universidad de Alicante.
[1] Alguno de los jueces integrantes de ese órgano empleó incluso la expresión "dilema" para referirse a él. *Cintrón Román v. Jiménez Echevarría*, KLAN202200644, en la pág. 35, (10 de noviembre de 2022), https://www.poderjudicial.pr/ta/2022/KLAN202200644-10112022.pdf. (Adames Soto, opinión de conformidad).
[2] Se trata, pues, de un matrimonio entre dos mujeres: una institución cuya validez es reconocida en el Derecho de Puerto Rico.
[3] *Cintrón Román*, en la pág. 2.
[4] *Id.*, en las págs. 2-3.

otra manera, en lugar de acudir a una clínica de reproducción humana asistida para inseminar a la señora Jiménez con esperma de un donante anónimo —como es usual en ese tipo de prácticas—, el matrimonio habría acudido a los servicios sexuales del señor Cintrón.

El Tribunal, como digo, no entra a dilucidar cuál de las dos versiones es la correcta, pero lo que sí parece acreditado es que, con independencia de cómo hubiese que calificar esa intervención del señor Cintrón, la misma no habría afectado a la relación matrimonial entre las señoras Jiménez y Rodríguez.

Una vez producido el nacimiento, el matrimonio Jiménez-Rodríguez inscribe al menor en el Registro Demográfico como hijo de ambas. La inscripción es impugnada por el señor Cintrón y, como consecuencia de ello, se produce una serie de incidentes que llevan, en lo esencial, a que el matrimonio acepte que en el certificado de nacimiento del menor aparezca que es hijo de la señora Jiménez y del señor Cintrón, así como este último se compromete a pagar cierta cantidad de dinero en concepto de alimentos. En lo único en lo que discrepan es en el orden de los apellidos que debería llevar el menor. Según el matrimonio, en primer lugar debería figurar el de su madre biológica —Jiménez—, seguido por el del señor Cintrón; mientras que este último defiende el orden contrario: primero el apellido del padre y luego el de la madre.

El Tribunal de Primera Instancia dio la razón al matrimonio, pero sin motivar su decisión. Y el Tribunal de Apelaciones (en la sentencia que estoy comentando) revocó la sentencia y, en consecuencia, ordenó al Registro que se inscribiera "al menor MMR con el apellido del padre y la madre, en ese orden".[5] Tres de los cuatro jueces avalaron esa decisión.[6]

La motivación de la sentencia (no hay diferencias relevantes entre las argumentaciones aducidas por el juez ponente y los que emitieron votos de conformidad) parece reducirse a lo siguiente. En el Derecho puertorriqueño, la ley no regula específicamente ese supuesto. Lo que establece es que deben figurar, después del nombre del niño, el "primer apellido de sus progenitores", sin precisar en qué orden.[7] La práctica "de inscribir a los menores de edad con el primer apellido paterno y luego el materno ... se origina en el uso y costumbre social que culturalmente hemos aceptado".[8] Ahora bien, la costumbre es una de las fuentes del Derecho de Puerto Rico, y aunque esa "costumbre se hilvanó dentro de unos preceptos de una sociedad patriarcal", sin embargo, no por eso puede considerarse "contraria a la moral o al orden público".[9]

Junto a este argumento principal (en caso de laguna legal debe acudirse a la costumbre), los jueces de la mayoría esgrimen como argumentos —digamos— complementarios otros tres: El primero es que aunque exista una "norma de deferencia" en relación con el criterio del juzgador del Tribunal de Primera Instancia, en este caso, no habría por qué seguirla, o sea, el Tribunal de Apelaciones modifica ese criterio, pues el juez de primera instancia habría errado al no aplicar la norma consuetudinaria antes citada.[10] El segundo apela a la imposibilidad de llegar a un criterio objetivo y

---

[5] *Id.*, en la pág. 22.
[6] Dos de ellos suscribieron un voto de conformidad —los jueces Marrero Guerrero y Adames Soto— en relación con la sentencia redactada por el juez ponente —Rodríguez Casillas—; y hubo una opinión disidente —a cargo de la jueza Mateu Meléndez.
[7] CÓD. CIV. PR art. 83, 31 LPRA § 5542 (2020)
[8] *Cintrón Román*, en la pág. 13.
[9] *Id.*, en la pág. 21-22.
[10] *Id.*, en la pág. 22.

racional para resolver el problema o, dicho de otra manera, a la extrema dificultad para elegir uno de ellos, cuando falta el acuerdo de los progenitores: "¿el orden alfabético de los apellidos?, ¿el interés superior del menor?, ¿el primero que lo inscriba en el Registro?; o ¿lanzar una moneda al aire?".[11] Y el tercero consiste en que, dada entre otras cosas esa dificultad, regular ese supuesto (la falta de acuerdo de los progenitores en el orden de los apellidos) correspondería al legislador, no a los jueces: "[n]o debemos olvidar que nuestra función va dirigida a la interpretación de las leyes y no a su creación".[12]

Pues bien, en mi opinión, ninguno de esos argumentos resulta convincente o, mejor dicho, ninguno de ellos (ni tampoco el conjunto —la suma— de los mismos) permite llegar a donde los jueces llegaron.

En relación con el argumento que he llamado principal, me parece que los jueces han olvidado un dato esencial del problema. Se trata de que aquí estamos ante una situación que no puede haber sido regulada por ninguna costumbre, debido a su carácter estrictamente novedoso. O sea, el menor MMR forma parte de una familia con dos madres (una solo legal, la otra también biológica) y un padre (que no sería simplemente biológico, dado su interés —aceptado, al menos en principio, por el matrimonio Jiménez-Rodríguez— en "formar parte activa en la vida del niño").[13] Y es obvio que la costumbre a la que apelan los jueces —y que no iría en contra de la moral o del orden público— presupone una realidad social —familiar— que nada tiene que ver con la que ha originado el conflicto que se trata de resolver. Aplicar una norma consuetudinaria (hablar de una costumbre "aceptada socialmente") a los problemas surgidos como consecuencia de los profundos cambios que han

---

[11] *Id.*, en la pág. 21.
[12] *Id.*
[13] *Id.*, en la pág. 2.

transformado —o están transformando— instituciones como la familia tradicional parece realmente fuera de lugar. Dicho en términos técnicos: la laguna jurídica existente en este caso no es sólo legal, sino también consuetudinaria; o todavía mejor: es una laguna en el nivel de las reglas, no en el de los principios. Luego volveré sobre esto.

El Tribunal tiene obviamente razón al entender que la "norma de deferencia" debe poder ser excepcionada con cierta facilidad, o sea, que es una norma a la que no se puede atribuir mucho peso. En otro caso, simplemente, se privaría de sentido a una institución como la apelación. Y, en relación con ello, me parece que la opinión disidente no es muy acertada al poner mucho énfasis en que "si no existe un estatuto que prohíba" lo decidido por el juez de primera instancia, entonces "no debemos negarnos a confirmar la decisión apelada".[14] Pero el argumento de la mayoría no otorga ningún peso a la decisión adoptada. La criticable falta de motivación del juez de primera instancia, lo que justifica es que el Tribunal de Apelaciones haya entrado en el fondo del asunto. Y lo que tendría que haber hecho, yo creo, es ratificar esa decisión (como sostuvo la jueza disidente), habiendo ofrecido para ello los argumentos que el caso requería.

Sobre la dificultad de encontrar un criterio objetivo y racional para resolver el conflicto, me parece que es bastante menor de lo que en principio podría parecer. En el voto de conformidad del juez Marrero Guerrero se ofrece una información detallada de los —en principio— posibles criterios, refiriéndose a las regulaciones existentes en España, en Francia, en Uruguay, en Colombia y en distintas jurisdicciones estatales de los Estados Unidos. Pues bien, por debajo de la aparente diversidad, no es difícil constatar una (muy razonable) coincidencia de fondo: procurar en la

---

[14] *Id.*, en las págs. 46-47 (Mateu Meléndez, opinión disiente).

medida de lo posible que se logre un acuerdo, y, si no fuera así, optar por un criterio imparcial y que sea conforme con —o que no contradiga— el interés del menor. Lo cual, por cierto, lleva a excluir el criterio rígido de que, en caso de discrepancia, se utilice el orden alfabético, puesto que, si las partes conocen eso de antemano, a una de ellas (a la que favorezca el orden alfabético) se le estaría dando un incentivo para no esforzarse en llegar a un acuerdo.

En el caso que nos ocupa, por lo tanto, el tribunal tendría que haber procurado que se obtuviera ese acuerdo, advirtiendo a las partes de que, si continuara existiendo la discrepancia, se vería obligado a tomar la decisión, según los dos criterios expuestos: imparcialidad e interés del menor. Y la aplicación de esos criterios lleva, sin duda, a mantener el orden establecido por el Tribunal de Primera Instancia: Jiménez-Cintrón.

El señor Cintrón no tiene ninguna razón para pensar que ese orden sea "parte de un patrón para invisibilizar al padre", como parece haber sostenido en su escrito ante el Tribunal de Apelaciones.[15] Y el que aparezca en primer lugar el apellido "Jiménez" está plenamente justificado dado que la vinculación del niño —de acuerdo con los hechos referidos en la sentencia— es manifiestamente mayor con el matrimonio Jiménez-Rodríguez que con el señor Cintrón. Y, por lo demás, no es dable pensar que ese orden de apellidos vaya a tener algún efecto perjudicial para el menor, el cual, como es de pacífica aceptación, podrá cambiarlos al llegar a la mayoría de edad, si contase con alguna buena razón para hacerlo.

En fin, los temores de los tres jueces que compusieron la mayoría a invadir competencias del legislador en el caso de que no aplicaran una norma consuetudinaria (que, como

---

[15] *Id.*, en la pág. 5.

antes señalaba, ni siquiera existe) no pueden calificarse de otra manera que como infundados. Desde luego, los jueces no deben invadir competencias del legislador, esto es, no deben incurrir en activismo. Pero de ahí no se sigue que deban asumir el formalismo jurídico que, me parece, está por detrás de la decisión que estoy comentando. Tanto el activismo como el formalismo son conductas judiciales desviadas, el Scila y el Caribdis que los jueces deberían evitar.

Definir de una manera completa qué haya de entenderse por formalismo jurídico no es una tarea sencilla. Pero sí que creo que hay algunos rasgos "formalistas" que podríamos considerar de pacífica aceptación. Dos de ellos están muy presentes en esta sentencia. Uno es la tendencia a aislar el Derecho de la realidad social que es, en mi opinión, lo que ocurre al dejar de lado las circunstancias peculiares del caso; esto es, al olvidarse de los cambios que han ocurrido en la institución familiar y pretender que la tradición, la costumbre, pueda proporcionar el criterio regulador de esas transformaciones. Y el segundo rasgo formalista consiste en negar que los jueces puedan (deban) crear Derecho. Como es bien sabido, esta última es una *vexata quaestio* pero, aprovechando que en uno de los votos de conformidad se apela al juez Holmes como argumento de autoridad, se me ocurre que podría ser oportuno recordar aquí su famoso *dictum* de que los jueces sí que crean (deben crear) Derecho, pero de manera intersticial; o sea, no como lo haría el legislador, sino en los espacios que la ley (el Derecho previamente existente) deja abiertos.

Esto último es, precisamente, lo que ocurre en este caso. Puesto que no hay ninguna pauta específica de comportamiento (ninguna regla) que haya previsto esa situación, los jueces deben acudir a los principios y, en particular, a los principios constitucionales, para encontrar una solución. Al llevar a cabo esa tarea, necesariamente construirán una nueva regla o modificarán alguna previamente existente, pero no pueden hacerlo de cualquier manera, ni con la libertad propia del legislador. Por supuesto, en el caso de que el legislador intervenga posteriormente y modifique ese criterio (esa regla) judicial, los jueces tienen que ser deferentes hacia el legislador, deben reconocer su autoridad. Pero no pueden olvidarse tampoco de que ellos —algo en lo que insistió la jueza disidente— son también agentes del cambio social.

En el caso que nos ocupa, se les ofrecía una oportunidad de abrir la vía hacia un cambio jurídico que quizás el legislador hubiese luego ratificado. Sobre todo, teniendo en cuenta que se trataba de un caso no tan difícil.

www.ingramcontent.com/pod-product-compliance
Lightning Source LLC
Chambersburg PA
CBHW081005170526
45158CB00010B/2918